横浜のジャム工房
「旅するコンフィチュール」の

旬の果物を
楽しむレシピ68

違 克美 著

ナツメ社

はじめに

ジャムをはじめて作ったのはいつだったか。
はじめて作ったジャムは何の果物だったか。

今では記憶も曖昧ですが、ジャムはずっと身近なところにありました。

子どもの頃からお菓子の本を読むのが好きで、見たこともないお菓子を眺めながら、「どんな味がするんだろう?」という無邪気な興味とともに、「どうやって作るんだろう?」という好奇心も芽生えていました。家族や友人が「おいしい」といってよろこんで食べてくれるのがうれしくて、作る楽しさに目覚めました。

お菓子作りは材料や手順の多さから少しハードルが高く感じることもありますが、ジャムは果物と砂糖、鍋さえあれば作ることができます。

果物は火を通すことによって生とは異なるおいしさが生まれ、さらには素材の組み合わせによって、まったく新しい味わいに出会うこともできます。
そして何より、アトリエいっぱいに広がる果物の香りは、わたしを幸せな気持ちにしてくれます。

季節ごとに変わっていく果物の魅力にひかれ、ますますジャム作りにのめり込んでいきました。八百屋さんでいちごを大量に購入した際、業務用と間違われて「領収書は必要ですか?」と聞かれたことも。

「日本の果物とフランスの果物では味わいが違うと言われているけれど、どんな風に違うのだろう？」と興味は増すばかり。フランス土産のコンフィチュールを食べるだけでは飽き足らず、とうとうパリへ赴き現地のマルシェで季節の果物を買い、実際にキッチンでジャムを作り、瓶に詰める。それらを持ち帰り、家族や友人に届ける──。この旅の経験が旅するコンフィチュールの原点であり、そんな風に果物の魅力にどっぷりつかった時間が私の大きな財産になっています。

その後、コンフィチュリエ（コンフィチュール職人）として10年。季節の果物と向き合い、どうしたら手にしている果物のすばらしさを引き立たせて、果物以上に果物らしいコンフィチュールにすることができるかを考え続け、鍋の前に立ち続けた10年間でした。
生産者さんから届いた果物で作ったコンフィチュールを大切な人に渡す。その循環の姿もまた、"旅"そのものだと思うのです。

本書には、旅するコンフィチュールの10年におよぶ軌跡をすべて詰め込みました。オープン当初に考えたレシピから、名誉ある賞をいただいたコンフィチュール、そしてコンフィチュールの楽しみ方をさらに広げるお料理までご紹介しています。
コンフィチュールという贅沢なひとさじが、みなさまの日常に豊かな時間をもたらすお手伝いができたら、こんなに嬉しいことはありません。

旅するコンフィチュール
違 克美

Contents

はじめに — 2
旅するコンフィチュールが
大切にしていること — 6

Part 1
旅するコンフィチュールの
スペシャリテ

コンフィチュール作りのポイント — 10

きほんのコンフィチュール
グレープフルーツのマーマレード — 12
いちごとバルサミコ酢 — 16

コンフィチュール作りの道具 — 19
瓶の消毒と詰め方 — 20

アレンジ・コンフィチュール
金柑とジャスミンティー — 22
すだちと日本酒 — 24
4種のベリー — 26
いちごとオレンジと赤ワイン — 28

Part 2
春のコンフィチュール

ネーブルオレンジとグラン・マルニエ — 32
日向夏 — 34
はっさくとグレープフルーツ — 35
新玉ねぎとスパイス — 36
佐藤錦 — 38
青梅とキウイ — 40
アメリカンチェリーとキルシュ — 42
完熟梅とアマレット — 43
いちごとルバーブ — 44
ルバーブと白ワイン — 46

Part 3
夏のコンフィチュール

甘夏マーマレード — 50
パッションフルーツとゴールドキウイ — 52
杏 — 54
ブルーベリーとミント — 56
杏とアーモンド — 58
ブルーベリーとウィスキー — 59
桃とラズベリー — 60
桃とスパイス — 62
すももとロゼワイン — 64
トマトとテキーラ — 66
プルーンとヘーゼルナッツ — 68
プルーンといちじく — 70

Part 4
秋のコンフィチュール

いちじく — 72
シャインマスカットとライム — 74
巨峰と赤ワイン — 76
いちじくとカシス — 77
黄桃と白桃
／黄桃とオレンジ — 78
和梨としょうが — 80
洋梨とキャラメル — 82
栗とバニラとラム酒 — 84
かぼちゃとバニラと塩 — 86
新しょうが — 88
グラニースミス — 89

Part 5
冬のコンフィチュール

りんごとラズベリー — 92
りんごとシナモンとバニラ — 94
キウイとバナナ — 96
キウイと白ワイン — 98
ブラッドオレンジ — 99
レモンのマーマレード
／マイヤーレモンのマーマレード — 100
レモンとホワイトチョコレート — 102
柚子とキウイ — 104
柚子と焼酎 — 106
河内晩柑 — 107

いつでもおいしい
コンフィチュール — 108

Part 6
コンフィチュールを
おいしく食べるアイデア

グリーンサラダ — 114
かぶの和風マリネ — 114
牛ステーキ ぶどうソース添え — 116
ミートボール ベリーソース添え — 117
白身魚のセビーチェ — 118
デザートオムレツ — 119
季節のフルーツパフェ — 120
梅酒ケーキ — 122
コンフィチュールクッキー — 124
コンフィチュールパイ — 125
ホットワイン — 126
コンフィチュールソーダ — 127
ノンアルコールモヒート — 127

column

コンフィチュール作りのQ&A — 30
旅するコンフィチュール ベストセレクション — 48
旅するコンフィチュールと生産者さん — 90
旅するコンフィチュールの今までとこれから — 112

- 「✦」は、ダルメイン世界マーマレードアワードを受賞したコンフィチュールです。
- 本書のレシピは、旅するコンフィチュールのコンフィチュールを、家庭で作りやすいようにアレンジしたものです。
- 食材の分量は、種やへた、皮などを除いて使う部分のみにした「正味量」です。
- 大さじ1＝15㎖、小さじ1＝5㎖です。
- 果物の時期は主な産地における旬の目安です。場所やその年の天候などの条件で変わります。
- 保存期間は季節や保存状態で変わるので、目安としてお考えください。

旅する
コンフィチュールが
大切にしていること

1

果物より
果物らしい
旬を感じる
コンフィチュール

2

果物×果物
果物×隠し味
の一期一会の味

3

フレッシュな
果物の色や香りを
鮮やかなまま閉じ込める

4

材料は
生産者さんや土地との
縁を大切に

5

手間ひまをおしまない
ていねいな仕込みで
おいしさを生み出す

6

ときめくような
甘みはもちろん、
ワインやバルサミコ酢など
とっておきのスパイスで
深みのある大人の味に

Part 1
旅するコンフィチュールの スペシャリテ

旅するコンフィチュールの味を再現していただくための
きほんの作り方とポイントを紹介します。
果物×果物、果物×隠し味が生み出す
アレンジ・コンフィチュールにも挑戦してみてください。

コンフィチュール作りのポイント

とびきりのコンフィチュールを作るために、欠かせないポイントを紹介します。
すべてのプロセスに共通するので、作りはじめる前や困ったときの参考にしてください。

旬の果物を選ぶ

果物には1年でいちばんおいしい時期があります。旬のものは香りが豊かで色も鮮やかなので、コンフィチュールにしてもやっぱりおいしいです。しかも手ごろな値段で量もたっぷり入手できます。

保存瓶の煮沸は事前に

コンフィチュールをよい状態のまま長期保存するには、でき上がりの熱いうちに瓶に詰めることが何より大切です。瓶の煮沸はコンフィチュールを作りはじめる前に、かならず済ませておきましょう。

材料の計量を大切にする

果物は、種やへた、外皮など使わない部分を除いた量を量ってください（正味量）。材料を切り終えてから改めて計量し、砂糖の量を決めるとよいでしょう。また、仕上げの隠し味なども先に量っておきましょう。

下ごしらえの手間はおしまない

果物の下ごしらえは仕上がりに直結するものなので、ていねいな作業を心がけて。薄皮や筋、種は小さなものまですべてとり除けば舌触りがよくなり、大きさは均一になるように切れば、火入れがムラなく仕上がります。

果物の水分を生かす

果物は火を入れる前に砂糖をまぶしてしばらくおき、水分を出します（マーマレードは除く）。水を加えて煮るのではなく、果物そのものの水分を使うことで、味も香りも濃縮されたコンフィチュールに仕上がります。

火加減に気をつけ、つねに混ぜる

糖分が多いこともあり、焦げやすいコンフィチュール液。一度焦げると匂いはとれません。加熱中は火加減に気をつけながら、効率よく全体に火が通るようつねに混ぜ続け、ときどき鍋底から大きく返します。側面もゴムべらを使ってきれいに保ちましょう。

あくはとり除く

あくの量は果物によって異なりますが、手間をおしまずきちんととり除くことで、雑味のないクリアな味に仕上がります。液が沸騰するとあくは中心に集まるので、それをすくいとりましょう。

果物によって多少の差はあれど、コンフィチュールの作り方は大きくわけて2種類。柑橘系のマーマレードとそれ以外のものです。はじめて作る方はP.12〜21もぜひご一読ください。全体の流れを確認しておくと、スムーズに進めることができます。

きほんのコンフィチュール
グレープフルーツのマーマレード

みずみずしさの中にほろ苦いピールの余韻がたまらない、
「ダルメイン世界マーマレードアワード2019」の
金賞コンフィチュールです。
お店では国産グレープフルーツを使って仕立てています。

Specialite

材料（容量120mℓの瓶3～4本分）

グレープフルーツ ― 皮160g、果肉＋果汁160g（約大1個）
グラニュー糖 ― 160g（フルーツの正味量の50％）

準備
・グレープフルーツはさっと洗う。

作り方

〈グレープフルーツは皮と果肉にわける〉

上と下をカットする。

外皮をむく。

果肉は薄皮に沿って包丁を入れる。

次の薄皮に包丁を入れる。

ひと房とり出す。これをくり返して、全部の果肉をとり出す。

種をとり除き、薄皮の果汁を手でギュッとしぼる。

果肉は薄皮を手でむいて
とり出してもOK。

〈皮を二度ゆでこぼす〉

鍋に2の皮を入れ、皮がしっかり浸かるくらい水を加える。

強火にかけて沸騰させる。

湯を捨てる。同じようにして、もう一度ゆでこぼす。

〈30分ゆでる〉

9に再度たっぷりの水を入れて強火にかける。

鍋が小さいとゆでている途中で湯が足りなくなるので、大きめの鍋を使うとよい。

沸騰したら中火にして30分ほどゆでる。

皮の苦みをしっかりとるには、鍋の中がつねにクツクツしている状態を保つ。湯が少なくなった場合は、水でなく湯を足す。

皮をザルに上げ、少し冷めたら手で軽くしぼる。

〈外皮を薄く切る〉

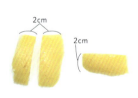

皮は2cmに切る。その際、へたなどのかたい部分はとり除く。

13を1〜2mm幅にスライスする。

できるだけ薄く切るのが旅するコンフィチュール流。美しく、食感よく仕上がる。

下ごしらえが済んだグレープフルーツ(皮、果肉+果汁)を計量し、そこから入れるグラニュー糖の量を決めて量る。

〈グレープフルーツとグラニュー糖を混ぜ合わせる〉

16 ボウルに皮、果肉と果汁、グラニュー糖を入れる。

17 ざっくりと、底から大きく混ぜ合わせる。

18 グラニュー糖が全体に行き渡り、溶けきればOK。

マーマレードの場合は水分を出すために時間をおく必要はない。

〈火を通す〉

19 18を鍋に移す。ボウルについたグラニュー糖はゴムべらできれいにとる。強めの中火にかける。

20 へらで混ぜながら沸騰させ、沸いたらすぐ弱火にする。

鍋肌にくっついて焦げないようつねに混ぜつつ、全体に火を通す。

21 あくをとりながら2〜3分ほど火を通す。

あくはていねいにとると雑味のないクリアな味わいに。

〈瓶に詰める〉

22 実がくずれ、鍋の中心までフツフツと沸いたらでき上がりのサイン！

23 火を止めて、熱いうちに瓶に詰めたら、ふたをする。

きほんのコンフィチュール
いちごとバルサミコ酢

イタリアンデザートを思わせる大人の味わいで、
お店でも1、2を争う人気のコンフィチュールです。
手順もごくシンプルなので、はじめてさんにもぴったり。
旬のいちごのみずみずしさをぜひ味わってみてください。

Specialite

材料（容量120mlの瓶3〜4本分）

いちご — 350g（約1.5パック）
グラニュー糖 — 170g（フルーツの正味量の約50%）
レモン汁 — 小さじ4
バルサミコ酢 — 小さじ2

準備

・いちごはさっと洗って水けをとる。

作り方

〈いちごを切る〉

へたを切り落とす。

へたのかたい部分は包丁の角でえぐる。

いちごはたて4等分に切る。

〈いちごとグラニュー糖を混ぜ合わせる〉

ボウルにいちご、グラニュー糖、レモン汁を入れる。

ざっくりと、底から大きく混ぜ合わせる。

グラニュー糖はボウルのへりや底にたまりやすいので、ゴムべらでとりながらグラニュー糖が全体に行き渡るよう、大きく混ぜる。

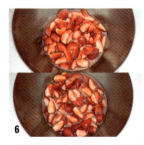

いちごから水分がしっかり出るまで30分以上おく。

Strawberry & Balsamic Vinegar

〈火を通す〉

 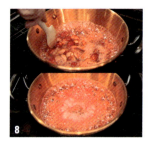 〈休ませる〉

6を鍋に移す。ボウルについたグラニュー糖はゴムべらできれいにとる。強めの中火にかける。

へらで混ぜながら沸騰させ、沸いたらすぐ火を止める。

5分ほどおき、果物から出たうま味を戻す。

休ませている間に予熱で全体に火が通り、いちごは少しクタッとする。

〈もう一度火を通す〉

あくはていねいにとると、雑味のないクリアな味わいに。

鍋肌にくっついて焦げないようつねに混ぜつつ、全体に火を通す。

再び火にかけ沸騰したらすぐ弱火にする。あくをとりながら、いちごの角がとれてツヤが出るまで2〜3分ほど火を通す。

〈バルサミコ酢を入れる〉

 〈瓶に詰める〉

火を止めて、バルサミコ酢を加えて混ぜる。

強火にかけて、再び沸騰したらすぐ火を止める。

熱いうちに瓶に詰めたら、ふたをする。

コンフィチュール作りの道具

コンフィチュール作りに特別な道具は必要ありません。
みなさんのお家にあるもので十分ですが、用途や、あると便利な道具を紹介します。

鍋

お店では熱伝導のよい銅鍋を使っていますが、ステンレス製やホーロー製などふだん使いの鍋で十分。ただし、酸に弱いアルミ製は避けて。果物には酸が多く含まれるので、鍋が傷むうえ味にも影響が出やすいからです。

ボウル

酸に強いステンレス製のものが大小2〜3個あると便利です。果物を砂糖と混ぜ合わせるときは大きめのもの、下ごしらえした果物を入れるときは小さめのものを使っています。

ゴムべら

シリコンでできた耐熱性のゴムべらがおすすめ。木べらよりも弾力性があるので、ボウルや鍋についた砂糖やコンフィチュール液をぬぐうときもスムーズです。持ち手と一体型のものだとお手入れもしやすいでしょう。

スケール

コンフィチュール作りにおいては、果物の正味量や砂糖を正しく計量するプロセスは欠かせません。そのためはかりは、電子スケールがおすすめです。

計量スプーン、計量カップ

隠し味のリキュールを量ったり、水分量を確認したりするときに使います。

ザル

ゆでた柑橘類の皮を湯から上げるときに使います。また、果物を洗うときにもあると便利でしょう。

あくとり

果物から出るあくをとるときに使います。お玉だと具やコンフィチュール液まですくってしまうのであると便利。小さめのものが◎。

レードル

コンフィチュールを瓶に詰める際に使います。横口タイプは口が小さな瓶にも注ぎやすく、重宝しています。

グレーター

レモンやオレンジの外皮をすりおろすのに使います。持ち手があるタイプが使いやすいでしょう。

瓶の消毒と詰め方

でき上がったコンフィチュールは熱いうちに素早く瓶に詰めて、
ベストな状態で保存しましょう。傷みの原因になる雑菌を事前に煮沸して消毒します。

用意するもの

・瓶
＊長期保存したい場合は、新品の瓶を用意する。
一度開けた瓶だとふたがきっちりとは閉まらないので、
真空状態にならない

・鍋
・トング
・ペーパータオル
・バット
・アルコールスプレー

〈煮沸消毒〉

1 鍋に瓶全体が浸かるくらいまでたっぷり水をはり、瓶を入れる。

2 1を強火にかけて沸騰させる。グツグツと沸く火加減で10分ほど煮沸する。最後の2～3分は瓶のふたも入れる。

3 火を止めて、トングで瓶とふたをとり出し、ペーパータオルを敷いたバットにおいて、自然乾燥させる。

〈瓶に詰める〉

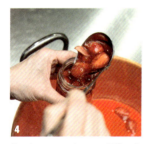

4 作ったコンフィチュールが熱いうちに、具材と液をバランスよくレードルですくって瓶に詰める。

5 瓶の口の高さまで詰める。
余分な空気が入らず、保存状態が安定しやすい。

6 ペーパータオルにアルコールスプレーを吹きかける。

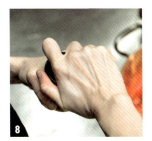

7 6で瓶の口をきれいに拭く。

瓶の口が汚れたままふたを閉めると、きちんと密閉できずコンフィチュールが傷む原因になる。

8 しっかりとふたを閉める。

冷めたときに、ふたが少し凹んだ状態になればOK。

〈脱気消毒〉

1 鍋に瓶全体が浸かるくらいまでたっぷり水をはり、瓶を入れる。

2 1を強火にかけて沸騰させる。グツグツと沸く火加減で20分ほど煮沸する。

3 火を止めて、トングで瓶をとり出し、そのまま冷めるまでおく。

保存について

一度開封すると劣化が進むので、小さめの瓶にわけて保存するのがおすすめです。
この本では容量120mlの瓶を使い、3〜5本くらいの量になるレシピを紹介しています。

短期保存(常温で約1か月)の場合
瓶を煮沸消毒し、できたての状態でコンフィチュールを詰めます。冷めてから冷暗所で保存しましょう。

長期保存(常温で約6か月)の場合
新品の瓶を煮沸消毒し、できたての状態でコンフィチュールを詰めたら、さらに脱気消毒をします。

いずれも、開封後は空気に触れて傷みやすくなるので、
冷蔵保存で1週間〜10日を目安に食べ切ってください。

アレンジ・コンフィチュール
金柑とジャスミンティー

「ダルメイン世界マーマレードアワード2019」で
最高金賞をいただいた一品です。
ジャスミンティーはお手元にあるものでもよいですが、
少しこだわってもらうとぐっと高級感のある味わいになりますよ。

材料（容量120mlの瓶4〜5本分）

金柑 ― 360g（約15個）
グラニュー糖 ― 180g（フルーツの正味量の50%）
ジャスミンティー ― 200ml
　＊ティーバッグでもOK

準備

・金柑は汚れなどを手でこすりとりながら水でしっかり洗う。
・熱湯でジャスミンティーを作る。

作り方

1　金柑はへたをとり、横半分に切る。竹ぐしなどを使い種をとり除いたら、それぞれ6等分に切る。
2　ボウルに1、グラニュー糖を入れ、グラニュー糖が溶けるまで全体をざっくり混ぜ合わせる。
3　2を鍋に移してジャスミンティーを加え、強めの中火にかける。へらで混ぜながら沸騰させ、沸いたら一度火を止めて5分ほどおく。
4　再び火にかけ沸騰したらすぐ弱火にし、あくをとりながら2〜3分ほど火を通す。その際、つねに金柑がお茶に浸かっている状態にするため、様子を見ながらジャスミンティーを足す。

アレンジ・コンフィチュール
すだちと日本酒

目のさめるような鮮やかな緑がチャームポイント。
最後に日本酒を加えることで、
丸みのあるさわやかな酸味に仕上がります。
日本酒はすっきりした味わいのものを使うのがおすすめです。

材料（容量120mlの瓶4〜5本分）

すだち ── 皮180g、果汁180g（約12個）
　＊果汁が少ないので皮は余る
グラニュー糖 ── 180g（フルーツの正味量の50%）
日本酒 ── 小さじ4

準備

・すだちはさっと洗う。

作り方

1　すだちは皮と果汁にわける。皮ごと半分に切り、果汁をしぼる。
2　皮を二度ゆでこぼす。鍋に1の皮を入れ、皮がしっかり浸かるくらい水を加える。強火にかけて沸騰したら湯を捨て、もう一度ゆでこぼす。
3　2に再度たっぷりの水を加え、強火にかけて沸騰したら、中火にして30分ほどゆでる。
4　3をザルに上げ、少し冷めたら手で軽くしぼる。皮を2cm長さ、1〜2mm幅にスライスする。その際、へたなどのかたい部分はとり除く。
5　ボウルに4、1の果汁、グラニュー糖を入れ、グラニュー糖が溶けるまで全体をざっくり混ぜ合わせる。
6　5を鍋に移して強めの中火にかける。へらで混ぜながら沸騰させ、沸いたらすぐ弱火にする。あくをとりながら2〜3分ほど火を通す。
7　火を止めて、日本酒を加えて混ぜる。強火にかけて、再び沸騰したらすぐ火を止める。

Specialite

いちご

アレンジ・コンフィチュール
4種のベリー

甘みや酸み、食感の異なる4種類のベリーを
一度に楽しめる贅沢なコンフィチュール。
パンケーキやワッフル、
ヨーグルトなどに添えて召し上がれ。

材料（容量120mlの瓶4〜5本分）

いちご ― 200g(1パック弱)
カシス ― 50g
ブルーベリー ― 50g
ラズベリー ― 50g
　＊冷凍フルーツを使用する場合は凍ったままでOK
グラニュー糖 ― 170g(フルーツの正味量の約50%)
レモン汁 ― 小さじ4

甘みが強いもの、香りがよいものなど、
品種によってコンフィチュールの
個性も変わります。
きれいな赤色にするなら、あまおうなど
中まで赤い品種を選んで。
選び方：表面にツヤがあり、
全体がきれいに色づいているもの。
時期：1〜4月

準備

・いちごはさっと洗って水けをとり、へたを切り落とす。
　へたのかたい部分は包丁の角でえぐる。
・カシス、ブルーベリー、ラズベリーも生を使う場合は、
　さっと洗って水けをとる。

作り方

1　いちごはたて4等分に切る。
2　ボウルに**1**、カシス、ブルーベリー、ラズベリー、グラニュー糖、レモン汁を入れ、全体をざっくり混ぜ合わせる。水分が出るまで30分以上おく。
3　**2**を鍋に移して強めの中火にかける。へらで混ぜながら沸騰させ、沸いたら一度火を止めて5分ほどおく。
4　再び火にかけ沸騰したらすぐ弱火にし、あくをとりながら2〜3分ほど火を通す。

Various Berries

アレンジ・コンフィチュール
いちごとオレンジと赤ワイン

香りのよいいちごと、さわやかな甘みのオレンジという
フルーツの人気者どうしの組み合わせ。
赤ワインを加えることで、
上品で大人な味わいに仕上げています。

材料（容量120mlの瓶4〜5本分）

いちご ― 260g(1パック強)
オレンジ ― 果肉＋果汁100g(約1個)
グラニュー糖 ― 180g(フルーツの正味量の50％)
レモン汁 ― 小さじ4
赤ワイン ― 大さじ2

準備

・いちごはさっと洗って水けをとり、へたを切り落とす。
　へたのかたい部分は包丁の角でえぐる。
・オレンジはさっと洗う。

作り方

1　いちごはたて4等分に切る。オレンジは皮をむき、薄皮をむいて果肉をとり出し、種をとり除いたら、薄皮の果汁をしぼる。
2　ボウルに1、グラニュー糖、レモン汁を入れ、全体をざっくり混ぜ合わせる。水分が出るまで30分以上おく。
3　2を鍋に移して強めの中火にかける。へらで混ぜながら沸騰させ、沸いたら一度火を止めて5分ほどおく。
4　再び火にかけ沸騰したらすぐ弱火にし、あくをとりながら2〜3分ほど火を通す。
5　火を止めて、赤ワインを加えて混ぜる。強火にかけて、再び沸騰したらすぐ火を止める。

column

コンフィチュール作りのQ&A

コンフィチュール教室などでも必ず聞かれる質問にお答えします。

コンフィチュールとジャムの違いは何ですか?

意味は同じ。
違いは食文化的な背景です

どちらもフルーツに砂糖を合わせて加熱したものです。英語のJamは詰め込むという意味がある一方、仏語のConfitureは砂糖や油などに漬けたという意味を持つConfitに由来します。言葉の違いは文化が異なるということ。フルーツのみずみずしさや香りを生かすコンフィチュールは、素材や美しさにこだわるフランスの食文化に通じるものです。当店では尊敬と親しみを込めて、コンフィチュールと呼んでいます。

グラニュー糖以外の砂糖を使うことはできますか?

グラニュー糖以外ならば
ビートグラニュー糖がおすすめです

お店では通常、てんさいから作られるビートグラニュー糖を使用しています。さとうきび製のグラニュー糖よりも甘みがやさしいので、国産フルーツの持つ繊細な味わいをより生かせるからです。ただ、入手しやすいものではないので、本書では手軽に買えるグラニュー糖を使って、旅するコンフィチュールの味を再現しています。もしビートグラニュー糖を使用するならば、フルーツの正味量の60%程度を目安量にしてみてください。

砂糖の量を減らしてもよいですか?

減らしてもよいですが、
味わいは変わり、保存性が落ちます

本書ではフルーツの正味量に対して50%の比率をベースにグラニュー糖を配合しています。そこから減らしても間違いということはありません。ただ、旅するコンフィチュールの味とは異なるものになります。また砂糖を減らす分、保存性が落ちてしまうので、冷蔵保存で1週間から10日くらいで食べ切るようにしてください。フルーツと砂糖のバランスによって、コンフィチュールらしい風味やとろみが生まれ、保存性を上げることができます。

煮ているときに水分が足りなくなったら水を足してもよいですか?

水を足しても戻りません。
仕上がったものを上手に活用して

リキュールなどを含め水分を加えてもリカバリーはむずかしいです。煮詰まった段階で甘みは強くなるので、そこに水や湯を足して水分量を戻しても、大切な香りや味は薄まってしまいます。煮詰まってしまった場合はそこで火を止め、クッキーやパウンドケーキを作るときに使うのがおすすめ。また、煮ている時はゆるく見えても冷めるとかたくなるので(柑橘類は特に)、最初のうちは気持ち早く火を止めるくらいがよいでしょう。

Part 2

春のコンフィチュール

春は色とりどりの果物と出会える季節。
さわやかな柑橘類、晩生種のいちごなど
目にも鮮やかなコンフィチュールを楽しみましょう。
新玉ねぎやルバーブなどみずみずしい春野菜もぜひお試しください。

ネーブルオレンジと
グラン・マルニエ

オレンジ

ネーブルのジューシーでさわやかな風味が
春らしさ満点のマーマレード。
グラン・マルニエで、ほろ苦さをプラスして、
旅するコンフィチュールらしい味わいに仕上げています。

材料（容量120mlの瓶4〜5本分）

ネーブルオレンジ ― 皮160g、
　果肉＋果汁240g（約2.5個）
グラニュー糖 ― 180g（フルーツの正味量の45％）
レモン汁 ― 小さじ4
グラン・マルニエ ― 大さじ2
　＊ほかのオレンジリキュールでもOK

香り高く、果汁も豊か。甘みのある
ネーブル、さっぱりしたバレンシア、
赤い果肉のブラッドなどがあります。
選び方：表面がなめらかでツヤがあり、
持ったときに重みを感じるもの。
時期：1〜3月（国産）

準備

・オレンジはさっと洗う。

作り方

1 オレンジは皮と果肉にわける。上下を切り、皮をむく。薄皮をむいて果肉をとり出し、種をとり除いたら、薄皮の果汁をしぼる。

2 皮をゆでる。鍋に**1**の皮を入れ、たっぷりの水を加える。強火にかけて沸騰したら、中火にして30分ほどゆでる。

3 **2**をザルに上げ、少し冷めたら手で軽くしぼる。皮を2cm長さ、1〜2mm幅にスライスする。その際、へたなどのかたい部分はとり除く。

4 ボウルに**3**、**1**の果肉と果汁、グラニュー糖、レモン汁を入れ、グラニュー糖が溶けるまで全体をざっくり混ぜ合わせる。

5 **4**を鍋に移して強めの中火にかける。へらで混ぜながら沸騰させ、沸いたらすぐ弱火にする。あくをとりながら2〜3分ほど火を通す。

6 火を止めて、グラン・マルニエを加えて混ぜる。強火にかけて、再び沸騰したらすぐ火を止める。

日向夏を丸ごと使ったコンフィチュールは、酸味が少ないさっぱり味。
ソーダでフレッシュにいただくのもおすすめです。

日向夏

材料（容量120mlの瓶3〜4本分）

日向夏 — 皮110g、
　果肉＋果汁250g(約1.5個)
グラニュー糖 — 180g
　（フルーツの正味量の50%）

準備

・日向夏はさっと洗う。

作り方

1 日向夏は皮と果肉にわける。上下を切り、皮をむく。薄皮をむいて果肉をとり出し、種をとり除いたら、薄皮の果汁をしぼる。

2 皮をゆでる。鍋に1の皮を入れ、たっぷりの水を加える。強火にかけて沸騰したら、中火にして30分ほどゆでる。

3 2をザルに上げ、少し冷めたら手で軽くしぼる。皮を2cm長さ、1〜2mm幅にスライスする。その際、へたなどのかたい部分はとり除く。

4 ボウルに3、1の果肉と果汁、グラニュー糖を入れ、グラニュー糖が溶けるまで全体をざっくり混ぜ合わせる。

5 4を鍋に移して強めの中火にかける。へらで混ぜながら沸騰させ、沸いたらすぐ弱火にする。あくをとりながら2〜3分ほど火を通す。

さわやかな酸味とほのかな苦みが楽しめるコンフィチュールです。ほんのり甘いフランスのデザート"リオレ"によく合います。

はっさくとグレープフルーツ

材料（容量120mlの瓶3〜4本分）

はっさく ― 皮150g、
　果肉＋果汁100g（約1個）
グレープフルーツ
　― 果肉＋果汁100g（約½個）
グラニュー糖 ― 170g
　（フルーツの正味量の約50％）

準備

・はっさくとグレープフルーツはさっと洗う。

作り方

1　はっさくは皮と果肉にわける。上下を切り、皮をむく。薄皮をむいて果肉をとり出し、種をとり除いたら、薄皮の果汁をしぼる。グレープフルーツも同様にする。

2　はっさくの皮を二度ゆでこぼす。鍋にはっさくの皮を入れ、皮がしっかり浸かるくらい水を加える。強火にかけて沸騰したら湯を捨て、もう一度ゆでこぼす。

3　2に再度たっぷりの水を加え、強火にかけて沸騰したら、中火にして30分ほどゆでる。

4　P.34「日向夏」の作り方3〜5と同様に作る。

新玉ねぎとスパイス

みずみずしくフレッシュで苦みが少ない新玉ねぎに、
清涼感のあるカルダモンや、甘い香りのクローブをプラスした、
春野菜のコンフィチュールです。
ふつうの玉ねぎで作るときは、焦がさないように気をつけて。

Spring

材料（容量120㎖の瓶3〜4本分）

新玉ねぎ ― 200g(約½個)
りんご ― 100g(約⅓個)
グラニュー糖 ― 180g
　（新玉ねぎとりんごの正味量の60%）
レーズン ― 20g
しょうが(すりおろし) ― 10g
カルダモン(あればホール) ― 2粒
クローブ(あればホール) ― 2個
　＊パウダーの場合は各ひとつまみ
りんご酢 ― 100㎖
塩 ― ひとつまみ
水 ― 100㎖

準備

・新玉ねぎは皮をむく。
・りんごはさっと洗って水けをとる。
・カルダモンは潰しておく。

作り方

1　新玉ねぎはたて半分に切り、1〜2mm幅にスライスする。りんごは皮をむき、新玉ねぎの大きさに合わせて細切りにする。
2　ボウルに1、グラニュー糖、りんご酢、水、塩、レーズン、しょうがを入れ、グラニュー糖が溶けるまで全体をざっくり混ぜ合わせる。
3　2を鍋に移して強めの中火にかける。へらで混ぜながら沸騰させ、沸いたらすぐ弱火にし、あくをとりながら新玉ねぎがすき透るまで火を通す。
4　カルダモン、クローブを加え、さっと混ぜ合わせたら火を止める。

Onion & Spices

佐藤錦

さくらんぼの果肉がごろりと入った、
シロップ漬けのようなコンフィチュールです。
炭酸で割ったり、ヨーグルトにかけたり、
シロップだけでも楽しめます。

さくらんぼ

佐藤錦はさくらんぼらしい甘みや
風味を楽しめます。
コンフィチュールにはほどよい酸味の
ナポレオン、紅さやかもおすすめ。
選び方：皮に傷がなく、ツヤがあり、
軸がきれいな緑色のもの。
時期：4～7月（国産）

材料（容量120mlの瓶3～4本分）

佐藤錦（さくらんぼ） ― 360g（約2パック）
グラニュー糖 ― 180g（フルーツの正味量の50%）
レモン汁 ― 小さじ4

準備

・佐藤錦はさっと洗って水けをとり、
軸をはずして種をとる。種は種とり器を使うか、
くぼみに菜ばしを差し込んで貫通させて
種をかき出すとよい。

作り方

1 佐藤錦は皮ごとたて半分に切る。
2 ボウルに1、グラニュー糖、レモン汁を入れ、全体をざっくり混ぜ合わせる。水分が出るまで30分以上おく。
3 2を鍋に移して強めの中火にかける。へらで混ぜながら沸騰させ、沸いたら一度火を止めて5分ほどおく。
4 再び火にかけ沸騰したらすぐ弱火にし、あくをとりながら2～3分ほど火を通す。

Spring

梅

青梅とキウイ

はじけるような青々とした梅の酸味に、
キウイのフレッシュな甘みが調和した一品です。
雨に濡れた新緑を思わせる、さわやかな緑の色合いは
見ているだけで癒されますよ。

材料（容量120mlの瓶3～4本分）

梅（青梅） ― 180g（Mサイズ約10個）
キウイフルーツ（グリーン） ― 180g（約1.5～2個）
グラニュー糖 ― 280g（フルーツの正味量の約80%）
レモン汁 ― 小さじ4

青梅は果肉が厚い白加賀、
完熟梅は香りのよい南高梅が、
手に入りやすくコンフィチュールにも
おすすめです。実はかたいので
一度冷凍してから調理します。
選び方：表面に傷がなく、
ふっくら丸みのあるもの。
時期：5月（青梅）、6月（完熟梅）

準備

- 梅は洗って水けをとり、へたをとったら、
  ひと晩以上冷凍する。
- キウイはさっと洗う。

作り方

1 キウイは皮をむき、たて4等分にして2mm幅に切る。
2 鍋に冷凍した梅を入れ、たっぷりの水を加える。強火に
  かけ沸騰したら、中火にして5分ほどゆでる。
3 ザルに上げて粗熱をとり、やわらかくなった梅をへらなど
  でつぶし、種をとり除く。
4 ボウルに1、3、グラニュー糖、レモン汁を入れ、全体を
  ざっくり混ぜ合わせる。水分が出るまで30分以上おく。
5 4を鍋に移して強めの中火にかける。へらで混ぜながら
  沸騰させ、沸いたらすぐ弱火にする。あくをとりながら
  2～3分ほど火を通す。
  ◎水分が少なくねっとりとしているので、
  焦げないように気をつける。

Unripe Japanese Apricot & Kiwi Fruit

きれいな紫色が目にも鮮やかな
コンフィチュール。
日本のさくらんぼに比べて味が薄いので、
キルシュで風味をプラスしました。

アメリカンチェリーとキルシュ

材料（容量120mlの瓶3～4本分）

アメリカンチェリー
　— 360g（約40個）
グラニュー糖 — 180g
（フルーツの正味量の50%）
レモン汁 — 小さじ4
キルシュ — 大さじ1

準備

- アメリカンチェリーは
さっと洗って水けをとり、
軸をはずして種をとる。種は
種とり器を使うか、くぼみに
菜ばしを差し込んで貫通させ
て種をかき出すとよい。

作り方

1. アメリカンチェリーは皮ごとたて半分に切る。
2. ボウルに1、グラニュー糖、レモン汁を入れ、全体をざっくり混ぜ合わせる。水分が出るまで30分以上おく。
3. 2を鍋に移して強めの中火にかける。へらで混ぜながら沸騰させ、沸いたら一度火を止めて5分ほどおく。
4. 再び火にかけ沸騰したらすぐ弱火にし、あくをとりながら2～3分ほど火を通す。
5. 火を止めて、キルシュを加えて混ぜる。強火にかけて、再び沸騰したらすぐ火を止める。

杏から仕立てたリキュールが
完熟梅の濃厚さを引き立てます。
隠し味には、アマレットの代わりに
梅酒や日本酒を使ってもOKですよ。

完熟梅とアマレット

材料（容量120mlの瓶3〜4本分）

梅（完熟梅）
　— 400g（Mサイズ約30個）
グラニュー糖 — 400g
　（フルーツの正味量の100%）
アマレット — 大さじ1

準備

・梅は洗って水けをとり、
　へたをとったら、
　ひと晩以上冷凍する。

作り方

1 鍋に冷凍した梅を入れ、たっぷりの水を加える。強火にかけ沸騰したら、中火にして5分ほどゆでる。
2 ザルに上げて粗熱をとり、やわらかくなった梅をへらなどでつぶし、種をとり除く。
3 ボウルに2、グラニュー糖、レモン汁を入れ、全体をざっくり混ぜ合わせる。梅から水分は出ないので、グラニュー糖が溶けきればよい。
4 3を鍋に移して強めの中火にかける。へらで混ぜながら沸騰させ、沸いたらすぐ弱火にし、あくをとりながら2〜3分ほど火を通す。
5 火を止めて、アマレットを加えて混ぜる。強火にかけて、再び沸騰したらすぐ火を止める。
◎水分が少なくねっとりとしているので、焦げないように気をつける。

Spring

いちごとルバーブ

春に旬を迎えるふたつの食材を
たっぷり贅沢に味わいましょう。
酸味がさわやかなルバーブが入っているので、
甘いものが苦手な方にもおすすめの一品です。

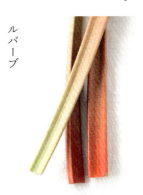

ルバーブ

RHUBARB

ふきのような大きな葉をつける野菜。
レモンのような酸味を持ち、
茎の部分だけを食べます。
茎は赤と緑があります。
選び方:表面にハリとツヤがあるもの。
時期:6〜9月(国産)

材料(容量120mlの瓶4〜5本分)

いちご ― 180g(1パック弱)
ルバーブ ― 180g
グラニュー糖 ― 180g
　(いちごとルバーブの正味量の50%)
レモン汁 ― 小さじ4

準備

・いちごはさっと洗って水けをとり、へたを切り落とす。
　へたのかたい部分は包丁の角でえぐる。
・ルバーブはさっと洗って水けをとり、かたい筋はとり除く。

作り方

1　いちごはたて4等分に切る。ルバーブは1cm幅に切る。
2　ボウルに1、グラニュー糖、レモン汁を入れ、全体をざっくり混ぜ合わせる。水分が出るまで30分以上おく。
3　2を鍋に移して強めの中火にかける。へらで混ぜながら沸騰させ、沸いたら一度火を止めて5分ほどおく。
4　再び火にかけ沸騰したらすぐ弱火にし、あくをとりながら2〜3分ほど火を通す。

Strawberry & Rhubarb

材料（容量120mlの瓶3〜4本分）

ルバーブ ― 360g
グラニュー糖 ― 180g
　（ルバーブの正味量の50%）
レモン汁 ― 小さじ4
白ワイン ― 大さじ1

準備

- ルバーブはさっと洗って水けをとり、かたい筋はとり除く。

作り方

1 ルバーブは1cm幅に切る。
2 ボウルに1、グラニュー糖、レモン汁を入れ、全体をざっくり混ぜ合わせる。水分が出るまで30分以上おく。
3 2を鍋に移して強めの中火にかける。へらで混ぜながら沸騰させ、沸いたら一度火を止めて5分ほどおく。
4 再び火にかけ沸騰したらすぐ弱火にし、あくをとりながら2〜3分ほど火を通す。
5 火を止めて、白ワインを加えて混ぜる。強火にかけて、再び沸騰したらすぐ火を止める。

ルバーブと白ワイン

ルバーブは酸味がさわやかで、加熱するとトロリとなめらかな
口当たりになる、まさにコンフィチュール向きの食材。
このレシピは緑のルバーブを使いますが、
赤いルバーブだとまっ赤な仕上がりに。

column

旅するコンフィチュール ベストセレクション

旅するコンフィチュールで生まれたコンフィチュールは約150種類。
そのなかから特に思い入れのある9品を紹介します。

いちごとバルサミコ酢
いちごジャムは超がつく定番。だからこそ自分らしい切り口で、バルサミコ酢と合わせ深みのある大人の味に。最初は春先限定の味でしたが、今は生産者さんの協力で通年味わっていただける看板商品になりました。

国産グレープフルーツのマーマレード
国産グレープフルーツは外皮も薄く、すごくジューシー！ 完熟の果物のすばらしさを、ギュギュッと瓶に詰めました。ダルメイン世界マーマレードアワード日本大会2019で金賞受賞。

すだちと日本酒
すだちも日本酒も、どちらもコンフィチュールの素材という発想が意外なようで、みなさんに驚いてもらえるのがうれしいです。また、鮮やかな緑色もめずらしくて、色と香りを大切にしたいという思いを形にしています。

金柑とジャスミンティー
ダルメイン世界マーマレードアワード日本大会2019で最高金賞（部門1位）をいただいた一品です。自分らしいミックス・コンフィチュールで受賞し、独学だったコンフィチュール作りにも誇りを持つことができました。

柚子とキウイ
一見目立たないフルーツどうしの組み合わせですが、小田原の生産者さんのフルーツをふんだんに使っています。地産食材のミックス・コンフィチュールという"旅コン"らしさ満点の一品です。

杏とアーモンド
甘酸っぱさのなかにナッツが香る、杏タルトのような味わい。お店をはじめる前に思いがけないご縁で杏農家さんと知り合い、作った一品です。料理のプロにも好評で自信を持つきっかけになりました。

新しょうが
朝の情報番組にお声がけいただいて、千葉県のしょうが農家さんでロケ撮影をしながら作った思い出の一品。収穫してすぐの新しょうがはみずみずしくて、コンフィチュールにぴったりの食材です。

ノエル
お店をオープンした年から毎年作っているクリスマス限定商品。クリスマスマーケットで飲むホットワインのイメージで、いちじく、カシス、くるみ、赤ワインから仕立てる深紅のコンフィチュールです。

レモンカード
小田原の養鶏場からの規格外の卵を活用したレモンカードを作ってほしい、という要望を受けて誕生しました。平飼いで育てた有機卵、たっぷりのバター、国産レモンで作るリッチな味わいのスプレッドです。

Part 3
夏のコンフィチュール

夏は特にコンフィチュールが作りたくなる季節。
杏、すもも、桃、ブルーベリーなど、
甘さだけでなく、酸味や風味が豊かな果物と
たくさん出会えるからです。

甘夏マーマレード

はじけるようなつぶ感とさっぱりとした甘みは、
まさに初夏の味。1個あれば数瓶分が作れます。
クリームチーズと合わせてパンにはさむと
フルーツサンドのような味わいが楽しめますよ。

材料（容量120mlの瓶4〜5本分）

甘夏 ― 皮200g、果肉＋果汁200g（約1個）
グラニュー糖 ― 200g（フルーツの正味量の50%）

準備

・甘夏はさっと洗う。

作り方

1 甘夏は皮と果肉にわける。上下を切り、皮をむく。薄皮をむいて果肉をとり出し、種をとり除いたら、薄皮の果汁をしぼる。
2 皮を二度ゆでこぼす。鍋に1の皮を入れ、皮がしっかり浸かるくらい水を加える。強火にかけて沸騰したら湯を捨て、もう一度ゆでこぼす。
3 2に再度たっぷりの水を加え、強火にかけて沸騰したら、中火にして30分ほどゆでる。
4 3をザルに上げ、少し冷めたら手で軽くしぼる。皮を2cm長さ、1〜2mm幅にスライスする。その際、へたなどのかたい部分はとり除く。
5 ボウルに4、1の果肉と果汁、グラニュー糖を入れ、グラニュー糖が溶けるまで全体をざっくり混ぜ合わせる。
6 5を鍋に移して強めの中火にかける。へらで混ぜながら沸騰させ、沸いたらすぐ弱火にする。あくをとりながら2〜3分ほど火を通す。

パッションフルーツと ゴールドキウイ

トロピカルな香りと、口いっぱいに広がるジューシー感!
ひと口で南国気分が味わえます。
パッションフルーツの豊かな香りが飛ばないよう、
火入れは時間をかけず、一気に行うのがポイントです。

材料(容量120mlの瓶2〜3本分)

パッションフルーツ ― 30g(約1個)
キウイフルーツ(ゴールド) ― 210g(約2個)
グラニュー糖 ― 120g(フルーツの正味量の50%)
レモン汁 ― 小さじ2

準備

・パッションフルーツとキウイはさっと洗う。

作り方

1　パッションフルーツは半分に切り、スプーンで果肉と種をとり出す。キウイは皮をむき、たて4等分にして2mm幅に切る。
2　ボウルに1、グラニュー糖、レモン汁を入れ、全体をざっくり混ぜ合わせる。水分が出るまで30分以上おく。
3　2を鍋に移して強めの中火にかける。へらで混ぜながら沸騰させ、沸いたら一度火を止めて5分ほどおく。
4　再び火にかけ沸騰したらすぐ弱火にし、あくをとりながら2〜3分ほど火を通す。

杏

香り豊かで心地よい甘酸っぱさは、
杏にしか出せない味わい。
お菓子や料理の隠し味などにも幅広く使えるので、
短い旬の間にたっぷり作っておくとよいでしょう。

甘い香りが漂ったら、
調理に最適のタイミングです。
緑がかったものは、
きれいなオレンジに色づくまで
常温において追熟させましょう。
選び方：皮が薄く、表面にうぶ毛が
生えているもの。
時期：6〜8月(国産)

材料（容量120mlの瓶3〜4本分）

杏 ― 360g(約7個)
グラニュー糖 ― 180g(フルーツの正味量の50%)
レモン汁 ― 小さじ4

準備

・杏はさっと洗って水けをとる。

作り方

1 杏は皮ごとたて半分に切り込みを入れて種をとり除き、さらに1.5cm角に切る。
2 ボウルに**1**、グラニュー糖、レモン汁を入れ、全体をざっくり混ぜ合わせる。水分が出るまで30分以上おく。
3 **2**を鍋に移して強めの中火にかける。へらで混ぜながら沸騰させ、沸いたら一度火を止めて5分ほどおく。
4 再び火にかけ沸騰したらすぐ弱火にし、あくをとりながら2〜3分ほど火を通す。

Summer

ブルーベリーとミント

刻みミントの清涼感が、ブルーベリーの素朴な甘みを
ほどよく引き締めてくれます。
氷を入れたグラスで炭酸水と合わせれば、
鮮烈な紫色が美しいブルーベリーソーダに！

ブルーベリー

下ごしらえがほとんどいらない、
コンフィチュール向きの果物。
ただ、日持ちはしないので、
傷みそうな場合は冷凍して、
凍ったまま調理してもOKです。
選び方：皮にハリと
白い粉（ブルーム）があるもの。
時期：6〜8月（国産）

材料（容量120mlの瓶3〜4本分）

ブルーベリー ― 360g
ミント ― 5g
グラニュー糖 ― 180g（フルーツの正味量の約50%）
レモン汁 ― 小さじ4

準備

・ブルーベリーとミントはさっと洗って水けをとる。
・ミントは細かく刻む。

作り方

1 ボウルにブルーベリー、グラニュー糖、レモン汁を入れ、全体をざっくり混ぜ合わせる。水分が出るまで30分以上おく。
2 1を鍋に移して強めの中火にかける。へらで混ぜながら沸騰させ、沸いたら一度火を止めて5分ほどおく。
3 再び火にかけ沸騰したらすぐ弱火にし、あくをとりながら2〜3分ほど火を通す。
4 ミントを散らし、さっと混ぜ合わせたら火を止める。

アーモンドの香ばしさと
杏の甘みが口の中でほどけます。
バターたっぷりのトーストにのせて、
贅沢に召し上がれ。

杏とアーモンド

材料（容量120mlの瓶3〜4本分）

杏 — 360g(約7個)

スライスアーモンド(無塩)
 — 15g

グラニュー糖 — 180g
（フルーツの正味量の50%）

レモン汁 — 小さじ4

準備

・杏はさっと洗って水けをきる。

作り方

1 杏は皮ごとたて半分に切り込みを入れて種をとり除き、さらに1.5cm角に切る。

2 アーモンドはフライパンを使い、表面がうっすら茶色になるまで中火で5分ほど乾煎りする（または160℃に熱したオーブンで10分）。

3 ボウルに1、グラニュー糖、レモン汁を入れ、全体をざっくり混ぜ合わせる。水分が出るまで30分以上おく。

4 3を鍋に移して強めの中火にかける。へらで混ぜながら沸騰させ、沸いたら一度火を止めて5分ほどおく。

5 再び火にかけ沸騰したらすぐ弱火にし、あくをとりながら2〜3分ほど火を通す。

6 2のアーモンドを加え、さっと混ぜ合わせたら火を止める。

Summer

ウィスキーの豊潤さを
アクセントに、
華やかな余韻が楽しめます。
肉系の料理に合わせるのも◎。

ブルーベリーとウィスキー

材料（容量120mlの瓶3〜4本分）

ブルーベリー ― 360g
グラニュー糖 ― 180g
　（フルーツの正味量の50％）
レモン汁 ― 小さじ4
ウィスキー ― 大さじ1

準備
- ブルーベリーは
  さっと洗って水けをとる。

作り方

1 ボウルにブルーベリー、グラニュー糖、レモン汁を入れ、全体をざっくり混ぜ合わせる。水分が出るまで30分以上おく。

2 1を鍋に移して強めの中火にかける。へらで混ぜながら沸騰させ、沸いたら一度火を止めて5分ほどおく。

3 再び火にかけ沸騰したらすぐ弱火にし、あくをとりながら2〜3分ほど火を通す。

4 火を止めて、ウィスキーを加えて混ぜる。強火にかけて、再び沸騰したらすぐ火を止める。

Summer

桃とラズベリー

とろけるようななめらかな舌触りとやさしい甘みは
"幸せな味"そのもの。バニラアイスクリームに
たっぷりかけるだけでも、贅沢スイーツになりますよ。
旅するコンフィチュールでも毎夏、大人気の一品です。

桃

かたいものより、触れたときに
やわらかさを感じる程度に
熟したもので作ると、
桃らしいトロッとした食感になります。
選び方：全体にうぶ毛が生えて、
ふっくらと丸みがあるもの。
時期：7〜8月

材料（容量120mlの瓶3〜4本分）

白桃 ― 300g（約1.5個）
ラズベリー ― 60g
 ＊冷凍の場合は、凍ったまま使用してOK
グラニュー糖 ― 180g（フルーツの正味量の50%）
レモン汁 ― 小さじ4

準備

・桃はさっと洗う。

作り方

1 桃の上部に十字に切り込みを入れる。沸騰した湯に桃を入れ、20秒ほど浸けたらとり出して氷水に移す。
2 桃は皮をむいて、果肉の中央にぐるりと切り込みを入れ、8等分のくし切りにして種をはずしながら果肉をとり出し、さらに1cm角に切る。
3 ボウルに2、ラズベリー、グラニュー糖、レモン汁を入れ、全体をざっくり混ぜ合わせる。水分が出るまで30分以上おく。
4 3を鍋に移して強めの中火にかける。へらで混ぜながら沸騰させ、沸いたら一度火を止めて5分ほどおく。
5 再び火にかけ沸騰したらすぐ弱火にし、あくをとりながら2〜3分ほど火を通す。

Peach & Raspberry

桃とスパイス

丸みを帯びたやわらかな桃の甘さと、
香り高いスパイス類は抜群の相性！
バターたっぷりのトーストに添えて、
とっておきのごほうびブランチにどうぞ。

Summer

材料（容量120mlの瓶3〜4本分）

白桃 — 360g（約2個）
グラニュー糖 — 180g（フルーツの正味量の50%）
レモン汁 — 小さじ4
八角 — 1個
シナモンパウダー — 小さじ½
バニラビーンズ — ¼本

準備

・桃はさっと洗う。
・バニラビーンズはたてに切り込みを入れ、
　中の種をかき出す。

作り方

1　桃の上部に十字に切り込みを入れる。沸騰した湯に桃を入れ、20秒ほど浸けたらとり出して氷水に移す。
2　桃は皮をむいて、果肉の中央にぐるりと切り込みを入れ、8等分のくし切りにして種をはずしながら果肉をとり出し（P.61手順写真を参照）、さらに1cm角に切る。
3　ボウルに2、グラニュー糖、八角、レモン汁を入れ、全体をざっくり混ぜ合わせる。水分が出るまで30分以上おく。
4　3を鍋に移して強めの中火にかける。へらで混ぜながら沸騰させ、沸いたら一度火を止めて5分ほどおく。
5　再び火にかけ沸騰したらすぐ弱火にし、あくをとりながら2〜3分ほど火を通す。
6　シナモンパウダー、バニラビーンズを加え、さっと混ぜ合わせたら火を止める。八角をとり出す。

peach & spices

すももとロゼワイン

バランスのとれた甘みと酸味を、まろやかな
ワインでくるんだ味わいは、一度食べるとやみつきに。
印象派の絵画を見ているような美しい色どりにも
目を奪われます。

材料（容量120mℓの瓶3〜4本分）

すもも — 360g（6〜7個）
グラニュー糖 — 180g（フルーツの正味量の50%）
レモン汁 — 小さじ4
ロゼワイン — 大さじ1

準備

・すももはさっと洗って水けをとる。

作り方

1 すももは皮ごとたて半分に切り込みを入れて種をとり除く。さらに十字に切り込みを入れて、4等分に切る。
　◎杏より果肉がはずしにくいので手元に気をつける。
　火は通りやすいので、大きめのカットでOK。

2 ボウルに1、グラニュー糖、レモン汁を入れ、全体をざっくり混ぜ合わせる。水分が出るまで30分以上おく。

3 2を鍋に移して強めの中火にかける。へらで混ぜながら沸騰させ、沸いたら一度火を止めて5分ほどおく。

4 再び火にかけ沸騰したらすぐ弱火にし、あくをとりながら2〜3分ほど火を通す。

5 火を止めて、ロゼワインを加えて混ぜる。強火にかけて、再び沸騰したらすぐ火を止める。

トマトとテキーラ

メキシコ料理からヒントを得て、
まっ赤なトマトにテキーラを合わせました。
さわやかな酸味とまろやかな甘みは、
サラダや生春巻きに合わせても絶品!

トマト

コンフィチュールに仕立てる場合、
中玉の皮が赤いタイプがおすすめ。
味が濃く、色もきれいに仕上がります。
選び方:へたがフレッシュで、
皮にハリがあり、持ったときに
重みを感じるもの。
時期:7〜10月、12〜6月

材料(容量120mlの瓶3〜4本分)

トマト ― 400g(中約4個)
グラニュー糖 ― 200g(トマトの正味量の50%)
レモン汁 ― 小さじ4
テキーラ ― 大さじ1

準備

・トマトはさっと洗って水けをとり、へたを切り落とす。

作り方

1. トマトは皮ごと半分に切り、さらに1cm角に切る。
2. ボウルにトマト、グラニュー糖、レモン汁を入れ、全体をざっくり混ぜ合わせる。水分が出るまで30分以上おく。
3. 2を鍋に移して強めの中火にかける。へらで混ぜながら沸騰させ、沸いたら一度火を止めて5分ほどおく。
4. 再び火にかけ沸騰したらすぐ弱火にし、あくをとりながらとろみがつくまで火を通す。
5. 火を止めて、テキーラを加えて混ぜる。強火にかけて、再び沸騰したらすぐ火を止める。

プルーンと
ヘーゼルナッツ

プルーンにヘーゼルナッツで風味とコクを加えた一品です。香り高く甘酸っぱい味わいは、生のプルーンでしか出せないもの。旬を迎える7〜8月にぜひ作ってみてください。

Summer

材料（容量120㎖の瓶3〜4本分）

プルーン ― 360g(約7個)
ヘーゼルナッツ(無塩) ― 15g(約15個)
グラニュー糖 ― 180g
　（フルーツの正味量の50%）
レモン汁 ― 小さじ4

準備

・プルーンはさっと洗って水けをとる。

作り方

1　プルーンは皮ごとたて半分に切り込みを入れて種をとり除き、さらに1.5cm角に切る。

2　ヘーゼルナッツはフライパンを使い、表面が薄っすら茶色になるまで中火で5分ほど乾煎りする（または160℃に熱したオーブンで10分）。粗熱がとれてから、粗いみじん切りにする。

3　ボウルに1、グラニュー糖、レモン汁を入れ、全体をざっくり混ぜ合わせる。水分が出るまで30分以上おく。

4　3を鍋に移して強めの中火にかける。へらで混ぜながら沸騰させ、沸いたら一度火を止めて5分ほどおく。

5　再び火にかけ沸騰したらすぐ弱火にし、あくをとりながら2〜3分ほど火を通す。

6　2のヘーゼルナッツを加え、さっと混ぜ合わせたら火を止める。

prune & Hazelnut

皮ごと煮ることで、
ハッとするような美しい色合いに。
プルーンといちじくの濃厚さが
一度に味わえます。

プルーンといちじく

材料（容量120mlの瓶3〜4本分）

プルーン ― 180g（約4個）
いちじく ― 180g（約2個）
グラニュー糖 ― 180g
　（フルーツの正味量の50%）
レモン汁 ― 小さじ4

準備

・プルーンといちじくは
　さっと洗って水気をとる。
　いちじくはへたを切り落とす。

作り方

1. プルーンは皮ごとたて半分に切り込みを入れて種をとり除き、さらに1.5cm角に切る。いちじくは皮ごとたて半分に切り、さらに格子状に6等分に切る。
2. ボウルに1、グラニュー糖、レモン汁を入れ、全体をざっくり混ぜ合わせる。水分が出るまで30分以上おく。
3. 2を鍋に移して強めの中火にかける。へらで混ぜながら沸騰させ、沸いたら一度火を止めて5分ほどおく。
4. 再び火にかけ沸騰したらすぐ弱火にし、あくをとりながら2〜3分ほど火を通す。

Part 4

秋のコンフィチュール

"実りの秋"という言葉のとおり、一年でもっとも
さまざまな果物が楽しめる季節です。
晩夏から秋にかけて、いちじく、ぶどう、黄桃、洋梨など、
とろけるようなリッチな味わいを楽しんでください。

Autumn

いちじく

いちじく本来のこっくりとしたやわらかな甘みを
生かすには、完熟した実を使うのがポイント。
バルサミコ酢と赤ワインを合わせて煮詰め、
肉料理のソースにしてもおいしいですよ。

ジューシーで、果肉の中にある花の
プチプチとした食感がまたおいしい。
時期により夏果と秋果があります。
選び方:表面に傷がなく、
ツヤがあるもの。
熟すとお尻が少しだけ開く。
時期:6〜10月

材料(容量120mlの瓶4〜5本分)

いちじく ― 360g(約4〜5個)
　＊熟していないものは味や甘みが薄いので、熟した実を選ぶ
グラニュー糖 ― 180g(フルーツの正味量の50%)
レモン汁 ― 小さじ4

準備

・いちじくはさっと洗って水けをとり、へたを切り落とす。

作り方

1　いちじくは皮ごとたて半分に切り、さらに格子状に6等分
　　に切る。
2　ボウルに**1**、グラニュー糖、レモン汁を入れ、全体をざっ
　　くり混ぜ合わせる。水分が出るまで30分以上おく。
3　**2**を鍋に移して強めの中火にかける。へらで混ぜながら
　　沸騰させ、沸いたら一度火を止めて5分ほどおく。
4　再び火にかけ沸騰したらすぐ弱火にし、あくをとりながら
　　2〜3分ほど火を通す。

シャインマスカットと
ライム

シャインマスカットの芳醇な香りと上品な甘みが
口いっぱいに広がった後、ライムの余韻にうっとり……。
こんな贅沢なコンフィチュールも、
手作りなら心ゆくまで味わえます。

ぶどう

コンフィチュールには、
シャインマスカットや巨峰、
ナガノパープルなど
粒の大きい品種がおすすめです。
選び方：軸がしっかりしていて、
皮にハリと白い粉（ブルーム）が
あるもの。
時期：8〜10月（シャインマスカット）
8〜10月（巨峰）

材料（容量120mlの瓶3〜4本分）

シャインマスカット ─ 360g（約1房）
ライム ─ 果汁20g、皮¼個分
グラニュー糖 ─ 180g（フルーツの正味量の約50%）

準備

・シャインマスカットはさっと洗って水けをとる。
・ライムはよく洗い、皮の緑色の部分をすりおろしておく。

作り方

1 シャインマスカットは皮ごとたて4等分に切る。ライムは半分に切り、果汁をしぼる。
2 ボウルに**1**、グラニュー糖を入れ、全体をざっくり混ぜ合わせる。水分が出るまで30分以上おく。
3 **2**を鍋に移して強めの中火にかける。へらで混ぜながら沸騰させ、沸いたら一度火を止めて5分ほどおく。
4 **3**の¼量をとり出しブレンダーでかくはんし、半分ほどつぶす。
◎ぶどうの実は煮くずれしにくいため、この工程でとろみをつける。
5 **4**を鍋に戻して再び火にかける。沸騰したらすぐ弱火にし、あくをとりながら2〜3分ほど火を通す。
6 すりおろしたライムの皮を加え、さっと混ぜ合わせたら火を止める。

果肉がごろごろと入った、
ごちそうコンフィチュール。
濃厚な味わいなので、
料理のソースにも使えます。

巨峰と赤ワイン

材料（容量120mlの瓶3～4本分）

巨峰 — 360g（約1房）
グラニュー糖 — 180g
　（フルーツの正味量の50%）
レモン汁 — 小さじ4
赤ワイン — 大さじ1

準備

・巨峰は房からはずして
　さっと洗い水けをとる。

作り方

1 巨峰は皮ごとたて半分に切り、種をとり除く。
2 ボウルに1、グラニュー糖、レモン汁を入れ、全体をざっくり混ぜ合わせる。水分が出るまで30分以上おく。
3 2を鍋に移して強めの中火にかける。へらで混ぜながら沸騰させ、沸いたら一度火を止めて5分ほどおく。
4 再び火にかけ沸騰したらすぐ弱火にし、あくをとりながら2～3分ほど火を通す。
5 巨峰の皮がむけたら火を止め、菜ばしなどで鍋から皮をとり除く。
　◎色をつけるために皮ごと煮て、果肉からはずれた皮はとり出す。
6 赤ワインを加えて混ぜ、強火にかけて、再び沸騰したらすぐ火を止める。

Autumn

こっくりとした甘みと
深いルビーの色合いが、
いかにも秋らしい
コンフィチュールです。

いちじくとカシス

材料（容量120㎖の瓶3〜4本分）

いちじく ― 300g（約4個）
カシス（冷凍）― 60g
グラニュー糖 ― 180g
　（フルーツの正味量の50%）
レモン汁 ― 小さじ4

準備

- いちじくはさっと洗って水けをとり、へたを切り落とす。

作り方

1. いちじくは皮ごとたて半分に切り、さらに格子状に6等分に切る。
2. ボウルに1、カシス、グラニュー糖、レモン汁を入れ、全体をざっくり混ぜ合わせる。水分が出るまで30分以上おく。
3. 2を鍋に移して強めの中火にかける。へらで混ぜながら沸騰させ、沸いたら一度火を止めて5分ほどおく。
4. 再び火にかけ沸騰したらすぐ弱火にし、あくをとりながら2〜3分ほど火を通す。

Kyoho Grape & Red Wine / Fig & Cassis

左：黄桃と白桃、右：黄桃とオレンジ

黄桃と白桃

濃厚な味と香りの黄桃と、ジューシーでやわらかな甘みの白桃。
それぞれの味わいを引き立てるミックス・コンフィチュールです。

材料（容量120mlの瓶3〜4本分）

黄桃 ― 180g（約1個）
白桃 ― 180g（約1個）
グラニュー糖 ― 180g
　（フルーツの正味量の50%）
レモン汁 ― 小さじ4

準備

・桃はさっと洗って水けをきる。

作り方

1. 桃の上部に十字に切り込みを入れる。沸騰した湯に桃を入れ、20秒ほど浸けたらとり出して氷水に移す。
2. 桃はどちらも皮をむいて、果肉の中央にぐるりと切り込みを入れ、8等分のくし切りにして種をはずしながら果肉をとり出し（P.61手順写真を参照）、さらに1cm角に切る。
3. ボウルに2、グラニュー糖、レモン汁を入れ、全体をざっくり混ぜ合わせる。水分が出るまで30分以上おく。
4. 3を鍋に移して強めの中火にかける。へらで混ぜながら沸騰させ、沸いたら一度火を止めて5分ほどおく。
5. 再び火にかけ沸騰したらすぐ弱火にし、あくをとりながら2〜3分ほど火を通す。

黄桃とオレンジ

マンゴーにも似たこっくりとした風味の黄桃にオレンジを合わせて。
オレンジはバレンシアやネーブルなど季節のものでOKです。

材料（容量120mlの瓶3〜4本分）

黄桃 ― 280g（約1.5個）
オレンジ
　― 果肉+果汁80g（約1個）
グラニュー糖 ― 180g
　（フルーツの正味量の50%）
レモン汁 ― 小さじ4

準備

・桃とオレンジはさっと洗って水けをとる。

作り方

1. 桃は「黄桃と白桃」の作り方1〜2と同様にする。
2. オレンジは皮をむき、薄皮をむいて果肉をとり出し、種をとり除いたら、薄皮の果汁をしぼる。
3. ボウルに1、2の果肉と果汁、グラニュー糖、レモン汁を入れ、全体をざっくり混ぜ合わせる。水分が出るまで30分以上おく。
4. 「黄桃と白桃」の作り方4〜5と同様に作る。

和梨としょうが

みずみずしい甘みに、ほのかなしょうがの
風味が映えるとっておきのコンフィチュール。
火入れは短めにして
和梨らしい食感を楽しんで。

材料（容量120mlの瓶3〜4本分）

和梨 ― 360g(大約1個)
しょうが ― 10g(ひとかけ)
グラニュー糖 ― 180g
　（フルーツの正味量の約50%）
レモン汁 ― 小さじ4

準備

・和梨はさっと洗って水けをとる。
・しょうがはさっと洗って、すりおろす。

作り方

1　和梨は皮をむいて8等分のくし切り
　　にし、種をとる。さらに1cm角に切る。
2　ボウルに1、グラニュー糖、レモン汁
　　を入れ、全体をざっくり混ぜ合わせ
　　る。水分が出るまで30分以上おく。
3　2を鍋に移して強めの中火にかける。
　　へらで混ぜながら沸騰させ、沸いた
　　ら一度火を止めて5分ほどおく。
4　3の¼量をとり出しブレンダーでかく
　　はんし、半分ほどつぶす。
5　4を鍋に戻して再び火にかける。沸
　　騰したらすぐ弱火にし、あくをとりな
　　がら梨が透き通るまで火を通す。
6　すりおろしたしょうがを加え、さっと
　　混ぜ合わせたら火を止める。

Japanese Pear & Ginger

洋梨

洋梨とキャラメル

グラニュー糖をキャラメリゼしたほろ苦さと、
洋梨の豊かな甘みは抜群の相性！
まるで焼き菓子を食べているような
幸せな気持ちにさせてくれる一品です。

材料（容量120mlの瓶3〜4本分）

洋梨 ― 360g（大約1個）
グラニュー糖 ― 180g（フルーツの正味量の50%）
水 ― 45ml
湯 ― 45ml
レモン汁 ― 小さじ4

濃厚でとろけるような舌触りは
コンフィチュールによく合います。
熟していないものは、紙袋に入れて
常温で数日おき追熟させると、
香りも豊かになります。
選び方：皮にツヤがあり、
傷がないもの。
持ったときに重みを感じるもの。
時期：8〜12月

準備

・洋梨はさっと洗って水けをとる。

作り方

1 洋梨は皮をむいて8等分のくし切りにし、種をとる。さらに1cm角に切る。
2 ボウルに**1**、グラニュー糖の半量、レモン汁を入れ、全体をざっくり混ぜ合わせる。水分が出るまで30分以上おく。
3 キャラメルを作る。鍋に残りのグラニュー糖と水を入れ、強火にかける。鍋を手で揺らしながら煮詰めて、キャラメル色になったら火を止める。そこに湯を加えてへらで混ぜる。
4 **3**の鍋に**2**を移して混ぜ、強めの中火にかける。へらで混ぜながら沸騰させ、沸いたら一度火を止めて5分ほどおく。
5 再び火にかけ沸騰したらすぐ弱火にし、あくをとりながら洋梨が透き通るまで2〜3分ほど火を通す。

栗とバニラとラム酒

モンブランをイメージしたコンフィチュールです。
ほんのりラム酒が香る上品なマロンペーストは、
そのままスイーツのように楽しめますし、
生クリームを加えてマロンクリームにしても。

材料（容量120mlの瓶4〜5本分）
栗 ― 360g(15〜20個)
グラニュー糖 ― 200g（フルーツの正味量の約55%）
バニラビーンズ ― 1/4本
塩 ― ひとつまみ
ラム酒 ― 大さじ1
水 ― 200ml

準備
・バニラビーンズはたてに切り込みを入れ、中の種をかき出す。

作り方
1 鍋に栗を入れ、たっぷりの水を加える。強火にかけ沸騰した後、20分ほどそのままゆでる。
2 ザルに上げて粗熱をとり、皮ごとたて半分に切ったら、スプーンで中身をとり出す。
3 鍋に2、グラニュー糖、塩、水を入れ、強めの中火にかける。へらで混ぜながら沸騰させ、沸いたらすぐ弱火にする。あくをとりながら2〜3分ほど煮る。
4 ブレンダーで3をペースト状にする。
5 4を鍋に戻して弱火にかけ、バニラビーンズとラム酒を加える。焦がさないように鍋底から大きく混ぜ、全体がフツフツとなったら火を止める。

かぼちゃとバニラと塩

ほくほくの秋野菜を贅沢に使った、
リッチな味わいのコンフィチュールです。
かぼちゃの甘みが際立つように塩をひとつまみ。
パイやパウンドケーキのフィリングにも合いますよ。

材料（容量120mlの瓶4〜5本分）

かぼちゃ ― 360g（約¼個）
グラニュー糖 ― 180g（かぼちゃの正味量の50％）
バニラビーンズ ― ¼本
塩 ― ひとつまみ
水 ― 200ml

準備
・バニラビーンズはたてに切り込みを入れ、中の種をかき出す。

作り方

1 かぼちゃは種とわたをとり除いて皮をむき、1cm幅に切る。
2 鍋に1、グラニュー糖、塩、水を入れ、強めの中火にかける。沸騰したら中火にし、かぼちゃがやわらかくなるまで煮る。
3 ブレンダーで2をペースト状にする。
4 3を鍋に戻して弱火にかけ、バニラビーンズを加える。焦がさないように鍋底から大きく混ぜ、全体がフツフツとなったら火を止める。

お湯に溶き入れるだけで、
体ぽかぽかのホットジンジャーに。
しょうゆを足せば
ポークジンジャーのソースに早変わりです。

新しょうが

材料（容量120mlの瓶4〜5本分）

新しょうが — 260g
りんご — 40g（約¼個）
グラニュー糖 — 300g
　（新しょうがとりんごの
　正味量の100%）
レモン汁 — 100ml
白ワイン（辛口）
　— 小さじ4

準備

・新しょうがとりんごはさっと洗って水けをとる。
・りんごはたて半分に切り、種をとる。

作り方

1 新しょうがは皮ごと、りんごは皮をむいてから、グレーター（おろし金）ですりおろす。
2 ボウルに1、グラニュー糖を入れ、グラニュー糖が溶けるまで全体をざっくり混ぜ合わせる。
3 2を鍋に移して強めの中火にかける。へらで混ぜながら沸騰させ、沸いたらすぐ弱火にする。あくをとりながら5分ほど火を通す。
4 火を止めて、レモン汁と白ワインを加えて混ぜる。強火にかけて、再び沸騰したらすぐ火を止める。

Autumn

グラニースミスは加熱によって
甘みと香りが際立つ、
まさにコンフィチュール向きの品種。
りんごらしさをぜひ味わって。

グラニースミス

材料（容量120mlの瓶4〜5本分）

グラニースミス(青りんご)
　— 380g(約2個)
グラニュー糖 — 190g
　（フルーツの正味量の50%）
レモン汁 — 小さじ4
水 — 50ml

準備

・グラニースミスはさっと洗う。

作り方

1　グラニースミスは皮をむいて8等分のくし切りにし、種をとる。さらに1cm角に切る。
2　ボウルに1、グラニュー糖、レモン汁を入れ、全体をざっくり混ぜ合わせる。水分が出るまで30分以上おく。
3　2を鍋に移して水を加え、強めの中火にかける。へらで混ぜながら沸騰させ、沸いたら一度火を止めて5分ほどおく。
4　3の¼量をとり出しブレンダーでかくはんし、半分ほどつぶす。
5　4を鍋に戻して再び火にかける。沸騰したらすぐ弱火にし、あくをとりながらりんごが透き通るまで火を通す。

Ginger / Granny Smith

column

旅するコンフィチュールと生産者さん

おいしいコンフィチュールは、上質な果物なしには作れません。
生産者さんとのつながりは、ひとえにご縁から生まれたと思っています。

　旅するコンフィチュールの商品に使う果物は、全国各地の生産者さんから直接仕入れています。お店をはじめたころは地元横浜や神奈川県内の気心の知れた生産者さんの農作物を使っていました。いちごを仕入れたいときに、知り合いのご実家の観光農園へ出かけて、お手伝いを兼ねて摘み残りのいちごを収穫したこともあるんですよ。

　そんなふうにまず生産者さんと顔を合わせることからスタートして、少しずつネットワークを広げていきました。10年たった今では県内はもちろん、りんごや杏は長野、グレープフルーツや金柑なら鹿児島というように、全国の生産者さんとつながっています。農家さんから「台風の被害を受けたグレープフルーツが余ってしまった！」と連絡が入ればこちらで引きとり、私たちが「急な注文で金柑が○キロ必要！」と困ったときは、農家さんに助けてもらう。お互いへの信頼でつながる関係なのです。

　産地では味はおいしいけれど、見た目が少し悪いせいで市場に出せないものもたくさんあります。そうした果物も引きとって、旅するコンフィチュールの技術で磨き上げ、おいしいコンフィチュールにする。生産者さんにもお客さまにもよろこんでもらえる循環ができました。

　アメリカやヨーロッパでもたくさんのフルーツやジャムを食べてきましたが、やさしい甘みや繊細な味わいなど、質の高さは日本の果物が群を抜いています。そのことをもっと知ってほしいという思いから、果物の産地や生産者さんのことを発信するようにしています。

　最近ではECサイトや、道の駅、マルシェなどのショップの多様化で、生産者さんの顔が見えるお店が増えました。旬の果物も豊富にそろうので、コンフィチュールを作る際には、ぜひ訪れてみてくださいね。

産地から採りたての果物がアトリエに届きます。旬の果物は香りが豊かですし、ツヤツヤと輝いているので、箱を開けるのも楽しみのひとつです。

Part 5

冬のコンフィチュール

冬は果物の味や香りがギュッと凝縮する季節です。
なかでも主役は柑橘類で、レモン、柚子、河内晩柑など
バリエーション豊富な香りや苦みを食べ比べることができます。
あたたかいキッチンでコンフィチュール作りを楽しんでくださいね。

りんごとラズベリー

りんごまでまっ赤に染まって、味も見た目もとても華やか。
心地よい甘酸っぱさなので、どんな年代の方にもよろこばれますよ。
シャキシャキしたりんごの食感は、
トーストからヨーグルトまで何にでも合います。

材料（容量120mlの瓶3〜4本分）

りんご ― 300g(約1.5個)
ラズベリー（冷凍）― 60g
グラニュー糖 ― 180g(フルーツの正味量の50%)
レモン汁 ― 小さじ4

準備

・りんごはさっと洗う。

作り方

1. りんごは皮をむいて8等分のくし切りにし、種をとる。さらに2mm幅にスライスする。
2. ボウルに1、ラズベリー、グラニュー糖、レモン汁を入れ、全体をざっくり混ぜ合わせる。水分が出るまで30分以上おく。
3. 2を鍋に移して強めの中火にかける。へらで混ぜながら沸騰させ、沸いたら一度火を止めて5分ほどおく。
4. 再び火にかけ沸騰したらすぐ弱火にし、あくをとりながらりんごが透き通るまで火を通す。

りんごとシナモンとバニラ

薄切りのりんごをたっぷり煮て、隠し味にシナモンを。
まるでアップルパイのような一品です。
こんがり焼いたバターたっぷりのトーストにのせたり、
赤ワインや紅茶に入れたりしてもおいしいですよ。

りんご

コンフィチュールに仕立てる場合、
紅玉やふじなど、甘酸っぱく、
ほどよいかたさのある品種が
おすすめです。
選び方：しっかりとした軸と、
皮にハリがあり、
持ったときに重みを感じるもの。
時期：10〜4月（国産）

材料（容量120mlの瓶3〜4本分）

りんご ― 360g（約2個）
グラニュー糖 ― 180g（フルーツの正味量の50％）
レモン汁 ― 小さじ4
シナモンパウダー ― 小さじ½
バニラビーンズ ― ¼本

準備

- バニラビーンズはたてに切り込みを入れ、
中の種をかき出す。

作り方

1 りんごは皮をむいて8等分のくし切りにし、種をとる。
さらに2mm幅にスライスする。

2 ボウルに**1**、グラニュー糖、レモン汁を入れ、全体をざっくり混ぜ合わせる。水分が出るまで30分以上おく。

3 **2**を鍋に移して強めの中火にかける。へらで混ぜながら沸騰させ、沸いたら一度火を止めて5分ほどおく。

4 再び火にかけ沸騰したらすぐ弱火にし、あくをとりながらりんごが透き通るまで火を通す。

5 シナモンパウダー、バニラビーンズを加え、さっと混ぜ合わせたら火を止める。

Apple, Cinnamon & Vanilla

キウイとバナナ

このレシピは旅するコンフィチュールをはじめるときに
作った、最初の6種類のうちのひとつです。
グリーンキウイの鮮やかな緑とバナナの黄色の
グラデーションも気に入っています。

キウイフルーツ

酸味のあるさわやかな味わいと、
ぷちぷちとした種のアクセントは、
そのままコンフィチュールの個性にも。
甘みの強いゴールドは春から夏が旬。
選び方：皮にツヤがあり、
持ったときに重みを感じるもの。
時期：10〜4月（国産）

材料（容量120mlの瓶3〜4本分）

キウイフルーツ（グリーン） ― 300g（約3〜4個）
バナナ ― 60g（約½本）
グラニュー糖 ― 180g（フルーツの正味量の50%）
レモン汁 ― 小さじ4
レモンの皮のすりおろし ― ½個分

準備

・キウイはさっと洗う。
・レモンはよく洗い、皮の黄色い部分をすりおろしておく。

作り方

1 キウイとバナナはそれぞれ皮をむき、キウイはたて4等分にして2mm幅に、バナナは1cm角に切る。
2 ボウルに1、グラニュー糖、レモン汁、レモンの皮のすりおろしを入れ、全体をざっくり混ぜ合わせる。水分が出るまで30分以上おく。
3 2を鍋に移して強めの中火にかける。へらで混ぜながら沸騰させ、沸いたら一度火を止めて5分ほどおく。
4 再び火にかけ沸騰したらすぐ弱火にし、あくをとりながら2〜3分ほど火を通す。

キウイと白ワイン

ほのかなワインの風味がキウイのさわやかさを引き立てます。
ヨーグルトなどの乳製品と好相性。

材料（容量120mlの瓶3〜4本分）

キウイフルーツ(グリーン)
　— 350g(約4〜5個)
グラニュー糖 — 170g
　（フルーツの正味量の約50%）
レモン汁 — 小さじ4
白ワイン — 大さじ1

準備

・キウイはさっと洗う。

作り方

1　キウイは皮をむき、たて4等分にして2mm幅に切る。
2　ボウルに**1**、グラニュー糖、レモン汁を入れ、全体をざっくり混ぜ合わせる。水分が出るまで30分以上おく。
3　**2**を鍋に移して強めの中火にかける。へらで混ぜながら沸騰させ、沸いたら一度火を止めて5分ほどおく。
4　再び火にかけ沸騰したらすぐ弱火にし、あくをとりながら2〜3分ほど火を通す。
5　火を止めて、白ワインを加えて混ぜる。強火にかけて、再び沸騰したらすぐ火を止める。

Winter

ブラッドオレンジ

ジューシーで濃厚な甘みとまっ赤な果肉を持つオレンジ。
クリームチーズと合わせるとマイルドな苦みが引き立ちます。

材料（容量120mlの瓶4〜5本分）

ブラッドオレンジ ─ 皮160g、
　果肉＋果汁240g（約3個）
グラニュー糖 ─ 200g
　（フルーツの正味量の50%）
レモン汁 ─ 小さじ4

準備

・オレンジはさっと洗う。

作り方

1 オレンジは皮と果肉にわける。上下を切り、皮をむく。薄皮をむいて果肉をとり出し、種をとり除いたら、薄皮の果汁をしぼる。

2 皮をゆでる。鍋に**1**の皮を入れ、たっぷりの水を加える。強火にかけて沸騰したら、中火にして30分ほどゆでる。

3 **2**をザルに上げ、少し冷めたら手で軽くしぼる。皮を2cm長さ、1〜2mm幅にスライスする。その際、ヘタなどのかたい部分はとり除く。

4 ボウルに**3**、**1**の果肉と果汁、グラニュー糖、レモン汁を入れ、グラニュー糖が溶けるまで全体をざっくり混ぜ合わせる。

5 **4**を鍋に移して強めの中火にかける。へらで混ぜながら沸騰させ、沸いたらすぐ弱火にする。あくをとりながら2〜3分ほど火を通す。

Kiwi Fruit & White Wine / Blood Orange

上：マイヤーレモン　下：レモン

レモンのマーマレード
マイヤーレモンのマーマレード

レモンのさわやかな酸味とほのかな苦みが
やみつきになるおいしさです。酸味が苦手な方には
オレンジとレモンを交配したマイヤーレモンがおすすめ。
国産レモンが出回る時期に、ぜひ作ってみてください。

材料（容量120mlの瓶3〜4本分）

レモンまたはマイヤーレモン ― 皮180g、果汁120g（約3個）
グラニュー糖 ― 300g（フルーツの正味量の100％）
　　＊マイヤーレモンの場合は270g（フルーツの正味量の90％）

準備
・レモンはよく洗う。

作り方
1　レモンは皮と果汁にわける。皮ごと半分に切り、果汁をしぼる。
2　皮を二度ゆでこぼす。鍋に1の皮を入れ、皮がしっかり浸かるくらい水を加える。強火にかけて沸騰したら湯を捨てる。もう一度ゆでこぼす。
3　2に再度たっぷりの水を加え、強火にかけて沸騰したら、中火にして30分ほどゆでる。
4　3をザルに上げ、少し冷めたら軽く手でしぼる。皮の内側の白い部分や薄皮をスプーンでとり除き、皮を2cm長さ、1〜2mm幅にスライスする。その際、へたなどのかたい部分はとり除く。
5　ボウルに4、1の果汁、グラニュー糖を入れ、グラニュー糖が溶けるまで全体をざっくり混ぜ合わせる。
6　5を鍋に移して強めの中火にかける。へらで混ぜながら沸騰させ、沸いたらすぐ弱火にする。あくをとりながら2〜3分ほど火を通す。

レモン

レモンと
ホワイトチョコレート

チョコレートのミルキーな甘みの後に、
レモンの酸味とピールのほろ苦さが広がります。
とろりとしたテクスチャーも相まって
味も見た目もリッチなコンフィチュールです。

材料（容量120mlの瓶3〜4本分）

レモン ── 皮90g、果汁60g（約1.5〜2個）
ホワイトチョコレート ── 150g
　＊あれば製菓用
グラニュー糖 ── 150g（フルーツの正味量の100%）

すっきりした酸味とほろ苦い皮は
コンフィチュールにしても美味。
ジューシーで酸味のまろやかな
マイヤーもおすすめです。
選び方：表面にハリとツヤがあり、しわのないものがよい。
時期：12〜3月（国産）

準備

・レモンはよく洗う。
・チョコレートは細かく刻む。

作り方

1　P.101「レモンのマーマレード」の作り方 **1〜4** と同様に下ごしらえする。
2　ボウルに皮、果汁、グラニュー糖を入れ、グラニュー糖が溶けるまで全体をざっくり混ぜ合わせる。
3　**2**を鍋に移して強めの中火にかける。へらで混ぜながら沸騰させ、沸いたらすぐ弱火にする。あくをとりながら2〜3分ほど火を通す。
4　火を止めてから、少しずつチョコレートを加え、そのつど中心からホイッパーでしっかりと混ぜる。コンフィチュール液とチョコレートがなめらかに一体化すればOK。

Lemon & White Chocolate

Winter

柚子とキウイ

冬の果物のおいしいところを詰め込んだ
贅沢なミックス・コンフィチュール。
柚子の香りとほのかな苦み、そしてキウイの
フルーティーさを一度に楽しめますよ。

柚子

風味づけによく使われる柑橘ですが、
砂糖で煮ると、ちょっぴり和テイストの
個性的なコンフィチュールになります。
選び方:香りがよく、表面にハリがあり、
しなびていないものがよい。
時期:11～12月(国産)

材料(容量120mlの瓶3～4本分)

柚子 ― 皮180g、果汁60g(約4個)
キウイフルーツ(グリーン) ― 120g(約1.5個)
グラニュー糖 ― 180g(フルーツの正味量の50%)

準備

・柚子とキウイはさっと洗う。

作り方

1 柚子は皮と果汁にわける。皮ごと半分に切り、果汁をしぼる。キウイは皮をむき、たて4等分にして2mm幅に切る。

2 皮をゆでる。鍋に1の皮を入れ、たっぷりの水を加える。強火にかけて沸騰したら、中火にして10分ほどゆでる。

3 2をザルに上げ、少し冷めたら手で軽くしぼる。皮の内側の白い部分や薄皮をスプーンでとり除き、皮を2cm長さ、1～2mm幅にスライスする。その際、へたなどのかたい部分はとり除く。

4 ボウルに3、1のキウイと柚子の果汁、グラニュー糖を入れ、グラニュー糖が溶けるまで全体をざっくり混ぜ合わせる。水分が出るまで30分以上おく。

5 4を鍋に移して強めの中火にかける。へらで混ぜながら沸騰させ、沸いたら一度火を止めて5分ほどおく。

6 再び火にかけ沸騰したらすぐ弱火にし、あくをとりながら2～3分ほど火を通す。
　◎冷めるとかたくなるので、ゆるめの状態で火を止めるとよい。

フルーティーな米焼酎を隠し味に。
辛口を使うとスッキリとした
味わいに仕上がります。
晩酌のお供にいかが。

柚子と焼酎

材料（容量120mlの瓶3〜4本分）

柚子 — 皮200g、
　果汁70g（約5個）
　＊果汁が少ないので皮が余る
グラニュー糖 — 140g
　（フルーツの正味量の約50%）
焼酎（辛口）— 大さじ2

準備

・柚子はさっと洗う。

作り方

1 柚子は皮と果汁にわける。皮ごと半分に切り、果汁をしぼる。
2 皮をゆでる。鍋に1の皮を入れ、たっぷりの水を加える。強火にかけて沸騰したら、中火にして10分ほどゆでる。
3 2をザルに上げ、少し冷めたら手で軽くしぼる。皮の内側の白い部分や薄皮をスプーンでとり除き、皮を2cm長さ、1〜2mm幅にスライスする。その際、へたなどのかたい部分はとり除く。
4 ボウルに3、1の果汁、グラニュー糖を入れ、グラニュー糖が溶けるまで全体をざっくり混ぜ合わせる。
5 4を鍋に移して強めの中火にかける。へらで混ぜながら沸騰させ、沸いたらすぐ弱火にし、あくをとりながら2〜3分ほど火を通す。
6 火を止めて、焼酎を加えて混ぜる。強火にかけて、再び沸騰したらすぐ火を止める。
◎冷めるとかたくなるので、ゆるめの状態で火を止めるとよい。

Winter

河内晩柑は、熊本生まれの和製グレープフルーツ。ジューシーで苦みの少ないさわやかなマーマレードです。

河内晩柑

材料（容量120mlの瓶3〜4本分）

河内晩柑 ── 皮200g、
　果肉＋果汁160g（約1個）
グラニュー糖 ── 170g
　（フルーツの正味量の約50%）

準備
・河内晩柑はさっと洗う。

作り方

1 河内晩柑は皮と果肉にわける。上下を切り、皮をむく。薄皮をむいて果肉をとり出し、種をとり除いたら、薄皮の果汁をしぼる。

2 皮をゆでる。鍋に**1**の皮を入れ、たっぷりの水を加える。強火にかけて沸騰したら、中火にして10分ほどゆでる。

3 **2**をザルに上げ、少し冷めたら手で軽くしぼる。皮を2cm長さ、1〜2mm幅にスライスする。その際、へたなどのかたい部分はとり除く。

4 ボウルに**3**、**1**の果肉と果汁、グラニュー糖を入れ、グラニュー糖が溶けるまで全体をざっくり混ぜ合わせる。

5 **4**を鍋に移して強めの中火にかける。へらで混ぜながら沸騰させ、沸いたらすぐ弱火にし、あくをとりながら2〜3分ほど火を通す。

Yuzu & Shochu / Kawachi Bankan

いつでもおいしい
コンフィチュール

シーズンレスのコンフィチュールやペーストを中心に、
思い立ったらいつでも作れる個性派たちをご紹介します。

いちごバター

いちごの酸味とバターのコクが
極上の味わい！

チョコレートと
ラズベリー

ラズベリーの甘酸っぱさが、
チョコの苦みを引き立てる大人の味

ミルク

こっくりとした甘みとなめらかな口当たりは
何度でも食べたい素朴なおいしさ

Arrange
ラムレーズンミルク

梅酒の梅

梅酒の実を活用するのも
手作りならでは。
濃厚なお酒の風味が
口いっぱいに広がる！

いちごバター
*日持ちは冷蔵で2週間

材料（容量120mlの瓶3～4本分）

いちご — 180g（1パック弱）

バター（有塩）— 180g
　＊無塩でもよいが、その場合は
　仕上げに塩ひとつまみを入れる

グラニュー糖 — 90g
　（フルーツの正味量の50％）

レモン汁 — 小さじ2

準備

・いちごはさっと洗って水けをとり、
　へたを切り落とす。
　へたのかたい部分は包丁の角でえぐる。
・バターは室温に戻しておく。

作り方

1　いちごはたて4等分に切る。
2　ボウルに**1**、グラニュー糖、レモン汁を入れ、全体をざっくり混ぜ合わせる。水分が出るまで30分以上おく。
3　**2**を鍋に移して強めの中火にかける。へらで混ぜながら沸騰させ、沸いたらすぐ弱火にする。あくをとりながら水分が少なくなるまで火を通す。
4　バターをクリーム状になるまでホイッパーで混ぜ、粗熱をとった**3**を少しずつ加えてしっかりと混ぜ合わせる。

 ## チョコレートとラズベリー

材料（容量120mlの瓶3～4本分）

ラズベリー（冷凍）— 320g

チョコレート（カカオ70％）— 80g

グラニュー糖 — 160g
　（フルーツの正味量の50％）

レモン汁 — 大さじ1

準備

・チョコレートは細かく刻む。

作り方

1　ボウルにラズベリー、グラニュー糖、レモン汁を入れ、全体をざっくり混ぜ合わせる。水分が出るまで30分以上おく。
2　**1**を鍋に移して強めの中火にかける。へらで混ぜながら沸騰させ、沸いたら弱火にしてあくをとる。
3　火を止めてから、少しずつチョコレートを加え、そのつど中心からホイッパーでしっかりと混ぜる。コンフィチュール液とチョコレートがなめらかに一体化すればOK。

冷凍フルーツについて

国産品や生果を市場であまり見かけないラズベリーやカシスは、冷凍品を活用するのがおすすめ。また、いちごやブルーベリーなどは旬の時期に安価で購入してすぐに冷凍保存しておけば、好きなタイミングで使うことができます。

冷凍フルーツは解凍せず、
そのまま調理するのが◎

ミルク

材料（容量120mlの瓶2〜3本分）
牛乳 ― 300g　生クリーム ― 150ml
グラニュー糖 ― 150g
　（乳製品の量の約35%）
塩 ― 小さじ½

作り方
1　鍋にすべての材料を入れ、強めの中火にかける。
2　沸騰したらすぐ弱火にし、時々へらで混ぜながら、ふきこぼれないようにして30分ほど煮詰める。
3　とろみがついてきたら火を止める。

 Arrange
ラムレーズンミルク

材料（容量120mlの瓶2〜3本分）
牛乳 ― 300g　生クリーム ― 150ml
グラニュー糖 ― 150g
　（乳製品の量の約35%）
レーズン ― 40g　ラム酒 ― 50ml
塩 ― 小さじ½

準備
・レーズンを清潔な容器に入れてラム酒を注ぎ、ひと晩以上漬け込んでおく。そのレーズンを細かく刻む。

作り方
上の「ミルク」の手順で3まで仕上げたら、熱いうちにラムレーズンを加え、ざっくりと混ぜる。

 ## 梅酒の梅

材料（容量120mlの瓶3〜4本分）
梅酒の梅の実 ― 300g
グラニュー糖 ― 140g
　（梅の正味量の約45%）
レモン汁 ― 小さじ4
水 ― 100ml

作り方
1　梅は種をとり除く。
　◎実がかたい場合は、ざく切りにするとよい。
2　ボウルに**1**、グラニュー糖、レモン汁を入れ、グラニュー糖が溶けるまで全体をざっくり混ぜ合わせる。
3　**2**を鍋に移し水を加えて、強めの中火にかける。へらで混ぜながら沸騰させ、沸いたらすぐ弱火にする。あくをとりながら水分が少なくなるまで火を通す。

column

旅するコンフィチュールの
今までとこれから

この10年、果物の魅力にとりつかれてきました。
コンフィチュールや果物への思いを最後に改めてお伝えします。

　2013年、横浜・関内の雑居ビルの一室にアトリエを構え、旅するコンフィチュールをはじめました。この10年の間にマーマレードの世界的なコンペティションで賞をいただいたのは、ご褒美のようなできごとでしたが、一方で大ピンチもありました。大量注文を受け、400kgの金柑を仕入れて作った商品が直前でキャンセルになってしまったときは、もう続けられないかもしれない、と覚悟しましたね……。

　コンフィチュール作りはとても重労働。皮をむき、ゆでた皮や実を刻み、熱い鍋の前でコンフィチュールを混ぜる……地味で単純な作業のくり返しです。でも、その作業ひとつひとつの間によろこびがあります。例えば、生産者さんから届いた段ボール箱を開けたときには、スタッフみんなで旬の果物のよい香りを胸いっぱいに吸い込むひととき。さらに果物を切っているときにも、煮ているときにも、アトリエ中が甘くて幸せな香りで満たされるんです。われながらすてきな仕事を見つけたな、と思います。

　2023年、お店の10周年を機に、「果実クリエイター」という新しい肩書を自分につけました。10年以上も真剣に果物と向き合ってきて、果物の魅力を芯まで理解しつつあると感じ、その半面でまだまだ世間にこの魅力は知られていない！　という切なる思いもありました。

　パンにつけるだけでなく、飲み物や料理など幅広く食生活を豊かにしてくれる食品として、コンフィチュールの地位を高めていきたいです。フードロスを減らすという視点からも、コンフィチュールの技術を活用していきたいですね。これからも手を動かし続け、旅するコンフィチュールの活動に加えて、さらなる果物の価値を生み出していきたい。それによってみなさまに幸せな気持ちになっていただけるなら本望です。

フランス滞在中の思い出のひとこま。

Part 6

コンフィチュールを
おいしく食べるアイデア

コンフィチュールはソースやたれの素材にも最適です。
パンやヨーグルトに合わせるだけでなく、
料理やスイーツとしてもコンフィチュールを楽しめる
多彩で多様なアイデアをご紹介します。

グリーンサラダ

手作りならではのフルーティーなドレッシングをあえた一品。
ドレッシングはマーマレードなどさっぱりとしたもので作ってもおいしいですよ。

材料（2人分）

紫玉ねぎ ― ½個
サラダミックス ― 適宜
キウイドレッシング
 「キウイと白ワイン」(P.98) ― 50g
 A オリーブオイル ― 大さじ2
  酢 ― 大さじ1
  塩 ― 小さじ⅓
  こしょう ― 少々

作り方

1. 紫玉ねぎは薄くスライスし、サッと水にさらして、水けをよくきる。
2. ボウルにAを入れ、よく混ぜてから、コンフィチュールを加えてさらに混ぜる。
3. サラダミックス、紫玉ねぎをさっと混ぜ合わせて器に盛り、ドレッシングをかける。

かぶの和風マリネ

苦みと風味がおいしい柚子は、和風の味つけにするのがおすすめ。
白身魚や鶏肉にも合います。

材料（2人分）

かぶ ― 2個
塩 ― 小さじ¼
マリネ液
 「柚子と焼酎」(P.106) ― 30g
 オリーブオイル ― 大さじ3
 酢 ― 小さじ1

作り方

1. かぶは茎元を切り落とし、根の皮をむいて、いちょう切りにする。葉は小口切りにする。それぞれボウルに入れ、塩を加えて混ぜ、10分ほどおいてから、ギュッとしぼって水けをきる。
2. ボウルにマリネ液の材料を混ぜ合わせ、1の根を加えて20分ほどおく。味がなじんだら器に盛りつけ、葉を散らす。

牛ステーキ ぶどうソース添え

しょうゆとバルサミコ酢を加えただけとは思えない、
華やかで贅沢な味わいのぶどうソースです。

材料 (2人分)

牛肉(ステーキ用) ― 150g × 2枚
塩 ― 小さじ1
こしょう ― 適量
サラダ油 ― 適量
ぶどうソース
　「巨峰と赤ワイン」(P.76) ― 45g
　しょうゆ ― 大さじ1
　バルサミコ酢 ― 大さじ2
クレソン ― 適宜

準備

・牛肉は室温に戻す。

作り方

1 牛肉は筋切りし、両面に塩、こしょうをふる。
2 フライパンにサラダ油を入れて熱し、牛肉を強火で焼く。焼き色がついたら裏返し、好みの焼き加減でとり出す。粗熱がとれるまでアルミホイルで包む。
3 牛肉をとり出したフライパンにぶどうソースの材料を加えて火にかけ、混ぜながら軽く煮詰める。
4 2を食べやすい大きさに切って皿に盛り、3をかけて、クレソンを添える。

ミートボール ベリーソース添え

ミートボールのうまみとベリーの甘酸っぱさが最高にマッチ！
コンフィチュールを使えば、北欧風料理もかんたんに作れます。

材料（2人分）

牛豚合びき肉 — 200g
玉ねぎ（みじん切り） — ¼個分
A｜卵 — ½個　牛乳 — 大さじ2
　｜パン粉 — 大さじ3
　｜ナツメグ — 少々　塩 — 小さじ½
　｜こしょう — 少々
油 — 適量
クリームソース
　｜生クリーム — 50㎖
　｜しょうゆ — 小さじ1
つけ合わせ — お好みで
「4種のベリー」(P.26) — 適量
粒マスタード — 適量

作り方

1 ボウルに牛豚合びき肉、玉ねぎ、**A** を入れて粘りが出るまでよくこねる。
2 **1**を小さな団子状に丸め、油を熱したフライパンで焼く。全体に焼き色がつくように焼き、中まで火を通す。
3 クリームソースを作る。**2**をとり出したフライパンに、生クリーム、しょうゆを加えて火にかけ、軽くとろみがつくまで煮詰める。
4 皿に**2**と**3**、つけ合わせを盛りつけ、コンフィチュール、粒マスタードを添える。

白身魚のセビーチェ

ペルーのマリネをアレンジした、華やかなおもてなし料理。
マリネ液には酸味のある柑橘系コンフィチュールがおすすめです。

材料 (2人分)

白身魚の刺身 ― 70g　ゆでだこ ― 80g
マリネ液
　「グレープフルーツ」(P.12) ― 30g
　にんにく(すりおろし) ― ½かけ分
　塩 ― 少々　こしょう ― 少々
きゅうり ― ⅓本　ピーマン ― ½個
紫玉ねぎ ― ¼個
イタリアンパセリ ― 適量
オリーブオイル ― 大さじ1
塩 ― 小さじ⅓　タバスコ ― 適量

作り方

1 白身魚は切り身を2〜3等分に切り、たこはななめにスライスしたら、ポリ袋に入れる。マリネ液の材料を加えて混ぜ合わせ、冷蔵庫で30分以上冷やす。

2 きゅうり、ピーマンは5mm角に切る。玉ねぎは3mm角に切って水にさらし、水けをとる。

3 ボウルに1を汁ごと入れ、2を加え、イタリアンパセリ、オリーブオイル、塩を入れてざっくりと和える。仕上げにタバスコを加える。

デザートオムレツ

幼いころ、おやつ代わりに作っていた思い出の味。
卵のやさしい味わいにコンフィチュールがぴったり合います。

材料（2人分）

卵 — 4個
牛乳 — 大さじ4
塩 — ひとつまみ
サラダ油 — 小さじ1
バター（無塩）— 大さじ1
「いちごとバルサミコ酢」(P.16)
　— お好みの量

作り方

1. ボウルに卵を割り入れて溶き、牛乳、塩を加えてよく混ぜる。
2. フライパンにサラダ油を薄くのばして中火で熱し、バターを加えて半分ほど溶けたら、1を流し入れる。卵が半熟になるまで、菜ばしで混ぜながら焼く。
3. 2をへらで手前に半分に折りたたみ、形を整える。
4. 皿に盛りつけ、コンフィチュールをかける。

季節のフルーツパフェ

フレッシュフルーツとコンフィチュールが
一度に楽しめるスペシャルメニュー！
春はいちご、夏は桃、秋はいちじく、冬はりんごなど
旬の味にアレンジしてみてください。

材料（1人分）

桃 — ½個
レモン果汁 — 大さじ1
「桃とラズベリー」(P.60) — 30g
コーンフレーク ┐
ヨーグルト（無糖）├ 各適量
ホイップクリーム ┘
　＊お好みの具材と量でOK
アイスクリーム（バニラ） — 1スクープ
ミント — 適宜

作り方

1　桃は皮をむいて、果肉をくし切りにして種からはずし（P.61手順写真参照）、¼量はさらに角切りにし、全体にレモン果汁をかけておく。
2　グラスに、コンフィチュール、コーンフレーク、ヨーグルト、ホイップクリーム、桃の角切りを層になるように順に入れる。
3　上に、アイスクリーム、桃のくし切り、ミントを飾る。

梅酒ケーキ

ベースは基本のパウンドケーキですが、「梅酒の梅」をプラスして
濃厚な梅酒の風味が漂う大人の焼き菓子に仕上げました。
どんなコンフィチュールで作ってもおいしいので、
作りすぎたり、煮詰めすぎたりしたときにもおすすめです。

材料（18cm パウンド型1個分）

バター（無塩）— 100g
グラニュー糖 — 100g
卵 — 2個
薄力粉 — 100g
ベーキングパウダー — 小さじ1
「梅酒の梅」(P.109) — 100g

準備
・パウンド型にオーブンシートを敷く。
・バターと卵は室温に戻す。
・薄力粉はベーキングパウダーを加えてふるっておく。
・オーブンは180℃に予熱する。

作り方
1 ボウルにバターを入れてホイッパーで練り、グラニュー糖を加えたら、全体が白っぽくふんわりとするまで混ぜる。
2 1に溶いた卵を少しずつ加えて、そのつどよく混ぜ合わせる。
3 ふるった薄力粉とベーキングパウダーを加えたら、練らないようにさっくりと混ぜ合わせる。
4 3にコンフィチュールを加えて、さらに混ぜる。
5 型に4を流し入れて平らにし、オーブンで20分ほど、160℃に下げて20分ほど、竹ぐしを刺して生地がつかなくなるまで焼く。

コンフィチュールクッキー

鮮やかなコンフィチュールがかわいらしい、ひとくちサイズのクッキーです。プチギフトにもぴったり！

材料（20個分）

バター（無塩）— 50g　粉糖 — 25g
卵黄 — 10g　塩 — ひとつまみ
アーモンドプードル — 25g
薄力粉 — 70g
好みのコンフィチュール — 適量
＊写真は「いちごとバルサミコ酢」(P.16)、
「ブルーベリーとウィスキー」(P.59)、
「キウイと白ワイン」(P.98)、
「レモンのマーマレード」(P.100)

準備

・バターと卵は室温に戻す。
・天板にオーブンシートを敷く。
・粉類はふるっておく。
・オーブンは160℃に予熱する。

作り方

1 ボウルにバターを入れ、ふるった粉糖と塩を加えてへらですり混ぜる。卵黄を加えて混ぜ、次にアーモンドプードルを入れて混ぜる。
2 1に薄力粉を加えて、切るように全体を混ぜる。
3 生地がまとまったらラップで包んで30分ほど冷蔵庫で休ませる。
4 生地を20個にわけて丸め、天板に間をあけて並べる。指のはらで中央を押して凹ませ、そこにコンフィチュールを入れる。
5 オーブンで20分ほど焼く。

コンフィチュールパイ

包んで焼くだけのお手軽パイですが、味は本格派。
フィリングに好みのコンフィチュールを詰めましょう。

材料（8個分）

冷凍パイシート ― 4枚
好みのコンフィチュール ― 40g
＊写真は「かぼちゃとバニラと塩」（P.86）、「いちごバター」（P.108）、「チョコレートとラズベリー」（P.108）
卵黄 ― 1個分
水 ― 小さじ1

準備

・パイシートは解凍する。
・天板にオーブンシートを敷く。
・オーブンは200℃に予熱する。

作り方

1 パイシートは薄くのばして4等分し、全部で16枚にする。半分はフォークで数か所に穴をあける。
2 穴をあけていない**1**の中央に、コンフィチュールを小さじ1ずつのせ、残りの**1**をかぶせる。パイの外周をフォークの先で押して閉じる。
3 天板に間をあけて並べる。卵黄と水を混ぜ合わせて、**2**の表面に塗る。
4 オーブンで10〜15分焼く。

ホットワイン

肌寒い季節には、
ほっこり温かなホットワインはいかが。
濃厚な味わいの
コンフィチュールがよく合います。

材料（1人分）

赤ワイン —— 150㎖
「りんごとシナモンとバニラ」(P.94)
　—— 大さじ2

作り方

小鍋に赤ワインを入れる。中火にかけて、沸騰する直前に、コンフィチュールを加える。ひと混ぜしたら、火を止める。

たっぷりのミントとライムで、
さわやかな後味の
ノンアルコールドリンクに。
夏のホームパーティーにもぴったり。

炭酸水を注ぐだけで
かんたんフルーツソーダの完成！
柑橘やブルーベリーなどの
コンフィチュールがおすすめです。

コンフィチュールソーダ

材料（1人分）

「グレープフルーツ」(P.12)
　— 大さじ2
氷 — 適量
炭酸水 — 180mℓ

作り方

グラスにコンフィチュールと氷を入れ、炭酸水を加えてよく混ぜる。

ノンアルコールモヒート

材料（1人分）

ミント — 5g　ライム — 1/4個
「キウイと白ワイン」(P.98) — 大さじ2
氷 — 適量　炭酸水 — 適量

準備

・ライムはさっと洗ってくし切りにする。

作り方

1　グラスにミント、ライム、コンフィチュールを入れ、スプーンで具材を軽くつぶす。
2　1に氷を入れ、炭酸水を加えたら軽く混ぜる。

著者 違 克美（ちがい かつみ）

「旅するコンフィチュール」代表。果実クリエイター、コンフィチュリエ。ル・コルドンブルーにて製菓ディプロム取得。カフェの立ち上げ、運営を経て、2013年に「旅するコンフィチュール」をスタートする。2019年ダルメイン世界マーマレードアワード＆フェスティバルにて「金柑とジャスミンティー」が部門一位にあたる最高金賞を受賞。また、コンフィチュールの技術を活かして、地産地消やフードロスなどのさまざまな食のプロジェクトにも携わっている。
違 克美オフィシャルサイト：https://chigaikatsumi.com/

旅するコンフィチュール
神奈川県横浜市中区相生町2-52 泰生ポーチ203
営業日時：火曜日～土曜日、11:00～18:00
オンラインショップ：https://tabisuru-conf.jp/　tabisuru_confiture

〈スタッフ〉
デザイン　塚田佳奈（ME&MIRACO）
撮影　masaco
スタイリング　鈴木亜希子
校正　大道寺ちはる、株式会社ぷれす
DTP　有限会社zest
編集協力　土屋まり子（株式会社スリーシーズン）
編集担当　野中あずみ（ナツメ出版企画株式会社）

〈撮影協力〉
UTUWA　Tel.03-6447-0070

本書に関するお問い合わせは、書名・発行日・該当ページを明記の上、下記のいずれかの方法にてお送りください。電話でのお問い合わせはお受けしておりません。
・ナツメ社webサイトの問い合わせフォーム　https://www.natsume.co.jp/contact
・FAX（03-3291-1305）
・郵送（下記、ナツメ出版企画株式会社宛て）
なお、回答までに日にちをいただく場合があります。正誤のお問い合わせ以外の書籍内容に関する解説・個別の相談は行っておりません。あらかじめご了承ください。

ナツメ社Webサイト
https://www.natsume.co.jp
書籍の最新情報（正誤情報を含む）はナツメ社Webサイトをご覧ください。

横浜のジャム工房「旅するコンフィチュール」の
旬の果物を楽しむレシピ68
2024年11月5日　初版発行

著　者　違 克美　　　　　　　　　　　　　　　　　©Chigai Katsumi, 2024
発行者　田村正隆
発行所　株式会社ナツメ社
　　　　東京都千代田区神田神保町1-52　ナツメ社ビル1F（〒101-0051）
　　　　電話 03-3291-1257（代表）　FAX 03-3291-5761
　　　　振替 00130-1-58661
制　作　ナツメ出版企画株式会社
　　　　東京都千代田区神田神保町1-52　ナツメ社ビル3F（〒101-0051）
　　　　電話 03-3295-3921（代表）
印刷所　TOPPANクロレ株式会社

ISBN978-4-8163-7629-0 Printed in Japan
〈定価はカバーに表示してあります〉〈乱丁・落丁本はお取り替えします〉
本書の一部または全部を著作権法で定められている範囲を超え、ナツメ出版企画株式会社に無断で複写、複製、転載、データファイル化することを禁じます。